Fortalecimento da memória
pelos contos de fadas

Dados Internacionais de Catalogação na Publicação (CIP)
(Câmara Brasileira do Livro, SP, Brasil)

Sant'Anna, Martha de
  Fortalecimento da memória pelos contos de fadas : terapêutica visando à otimização da capacidade de reserva cognitiva para uso dos pacientes, de suas famílias e de profissionais / Martha de Sant'Anna ; tradução de Stephania Matousek. 2. ed. – Petrópolis, RJ : Vozes, 2014.

  Título original francês: Renforcement cognitif par les contes de fées.
  Bibliografia
  ISBN 978-85-326-4463-3

  1. Contos de fadas – Uso terapêutico 2. Demência – Tratamento 3. Memória – Distúrbios – Tratamento I. Título.

12-12142   CDD-616.83

Índices para catálogo sistemático:

1. Memória : Distúrbios : Tratamento : Contos de fadas : Fortalecimento cognitivo : Neuropsiquiatria : Medicina : Alzheimer ou Mal de Alzheimer, memória   616.83

Martha de Sant'Anna

Fortalecimento da memória pelos contos de fadas

Terapêutica visando à otimização da capacidade de reserva cognitiva para uso dos pacientes, de suas famílias e de profissionais

Tradução de
Stephania Matousek

Petrópolis

© 2011, Solal Editeur
111, rue Sainte-Cécile
13005 Marseille
E-mail: editions.solal@wanadoo.fr
Internet: http://www.editions-solal.fr

Título original francês: *Renforcement cognitif par les contes de fées – Thérapeutique visant l'optimisation de la capacité de réserve mnésique*

Direitos de publicação em língua portuguesa:
2013, Editora Vozes Ltda.
Rua Frei Luís, 100
25689-900 Petrópolis, RJ
Internet: http://www.vozes.com.br
Brasil

Todos os direitos reservados. Nenhuma parte desta obra poderá ser reproduzida ou transmitida por qualquer forma e/ou quaisquer meios (eletrônico ou mecânico, incluindo fotocópia e gravação) ou arquivada em qualquer sistema ou banco de dados sem permissão escrita da editora.

Diretor editorial
Frei Antônio Moser

Editores
Aline dos Santos Carneiro
José Maria da Silva
Lídio Peretti
Marilac Loraine Oleniki

Secretário executivo
João Batista Kreuch

Editoração: Rachel Fernandes
Projeto gráfico: Victor Mauricio Bello
Ilustrações: Elenice Nogueira
Capa: Érico Lebedenco
Ilustração de capa: Sandro Botticelli. A história de Nastagio Degli Onesti: O Banquete final (detalhe)

ISBN 978-85-326-4463-3 (edição brasileira)
ISBN 978-2-35327-105-4 (edição francesa)

Editado conforme o novo acordo ortográfico.

Este livro foi composto e impresso pela Editora Vozes Ltda.

Agradecimentos

A Geraldo, meu pai, e Jeronimo, meu avô,
cujas ausências me fazem constantemente companhia.

Aos meus pacientes,
cuja confiança me permite progredir.

Aos meus alunos,
os quais ensinar me permite aprender.

À minha filha Alix,
primeira página escrita da minha história.

A autora deste livro organiza na Europa sessões individuais e coletivas de solicitação e otimização cognitivas.
Queira entrar em contato com: mdesantanna@yahoo.fr

Sumário

1 A memória e as questões ao seu redor, 9

2 O transtorno cerebral orgânico degenerativo ou a demência, 15

3 A família do paciente ou o ajudante natural, 21

4 Um caminho: a plasticidade cerebral, 25

5 Fortalecimento da memória pelos contos de fadas, 27

6 Contos e atividades, 35

7 Resolução dos exercícios, 171

Referências, 203

Índice, 207

1

A memória e as questões ao seu redor

A memória

A história da nossa vida está contida na nossa memória: por meio dela nós "existimos" e, graças a ela, deixamos a nossa marca. A inteligência não faz parte, mas é essencial nesse processo. No cotidiano, os processos cognitivos[1] voluntários e automáticos são condicionados pela memória, sendo ela, portanto, fundamental.

Não existe "uma memória", mas sim vários tipos de memórias:

- Memória imediata, memória de curto prazo ou memória de trabalho: sua capacidade é limitada, e as lembranças são armazenadas durante um intervalo de tempo muito reduzido. Ela permite a realização de tarefas de caráter imediato.
- Memória de longo prazo: permite a conservação duradoura de informações por meio de uma codificação e um

---

[1]. Processos cognitivos: diferentes capacidades do cérebro, tais como memória, concentração, atenção, planejamento, imaginação, lógica, linguagem, percepção, inteligência e construção visuoespacial.

armazenamento organizado. Ela é subdividida em memória explícita e memória implícita.

Memória explícita ou declarativa:
• Memória episódica ou de eventos: memória autobiográfica e histórica do ambiente ao seu redor. Ligada ao contexto emocional ou afetivo no qual se produziu um acontecimento e inscrita em um contexto temporoespacial.
• Memória semântica: memória do conhecimento, de conceitos e de palavras. Essa lembrança se preserva durante mais tempo em certos distúrbios de memória, dentre os quais a Doença de Alzheimer (DA).

Memória implícita ou inconsciente:
• Memória procedural: memória dos gestos e das ações aprendidos e reproduzidos de forma automática, sem haver necessidade de reflexão sobre eles. É também uma memória que permanece mais tempo na DA.
• Condicionamento.

Vários processos estão imbricados no funcionamento da memória, e quanto mais complexas forem as informações a serem guardadas, maior será o número de sistemas e estruturas do cérebro ativados a fim de tratá-las. Fazem parte desse processo:

As representações perceptivas: memória sensorial, que traz de volta elementos armazenados a partir de um cheiro, som, cor, etc.

As funções executivas: atividades mentais responsáveis pelo controle da atenção, gestão de conflitos, planejamento da sequência das ações e flexibilidade mental.

A queixa mnésica

O conceito de "esquecimento benigno da senescência" existe desde 1958 e foi introduzido pelo canadense Kral. Ele estudou as "características da queixa mnésica" no intuito de determinar os distúrbios inerentes ao envelhecimento fisiológico e aqueles relativos a um processo patológico.

De fato, a partir dos 40 anos, pode surgir um declínio fisiológico do desempenho mnésico, sucedido por um declínio das capacidades verbais por volta dos 70 anos e das habilidades visuoespaciais um pouco mais tarde. Essas mudanças variam em função de diversos fatores: estado geral de saúde psíquica e física, sexo e nível sociocultural de cada indivíduo. Portanto, esse fenômeno não é homogêneo.

Não podemos traçar nenhum paralelo entre o envelhecimento normal e o envelhecimento patológico do desempenho cognitivo.

Contudo, não se trata de banalizar a queixa mnésica, pois existe uma série de fatores e doenças que afetam a memória.

De fato, os distúrbios de memória nem sempre são sinônimos de demência (= transtorno cerebral orgânico degenerativo). Várias afecções provocam distúrbios de memória, tais como hipercalcemia, hipotireoidismo, carência de vitamina B12, hidrocefalia com pressão normal, hematoma subdural e depressão.

Determinar a causa dos distúrbios experimentados permite prevenir ou agir conforme as necessidades. É por isso que, se você tiver dúvidas sobre a eficácia da sua memória, é melhor buscar a resposta junto a um especialista.

Distúrbios cognitivos leves ou Mild Cognitive Impairment (MCI)

Há mais de dez anos foi identificada uma síndrome clínica chamada "distúrbios cognitivos leves". Os sujeitos que sofrem de MCI encontram-se a meio caminho entre o normal e o patológico. Esses indivíduos apresentam um déficit cognitivo mais acentuado do que um idoso normal, mas que não se inclui dentre os critérios de um transtorno cerebral orgânico degenerativo. As atividades básicas da vida cotidiana são preservadas, mas o sujeito ou a família aponta dificuldades em face de atividades complexas. Sob essa denominação encontramos formas heterogêneas e podemos distinguir três subgrupos de pacientes conforme o tipo e a quantidade de áreas cognitivas atingidas.

O risco de esses sujeitos evoluírem para uma demência é de 12% a 25% por ano. Todavia, o conceito de MCI não explica a etiologia da afecção subjacente e nem os fatores de risco de conversão para a demência; ele não permite prever uma evolução específica. Esses distúrbios podem permanecer estáveis e até mesmo regredirem. Um estudo longitudinal, realizado em 2002 pela equipe do Dr. Larrieu, verificou que 40% dos pacientes observados durante três anos apresentaram um "retorno ao estado normal".

Atualmente não existe nenhum medicamento comercializado para curar o MCI. Porém, um exame clínico e psicométrico completo com um especialista (geriatra ou neurologista) pode permitir lidar com as comorbidades, como, por exemplo, tratar os fatores de risco cardiovascular (hipercolesterolemia, diabetes, hipertensão arterial), se for o caso.

Esse diagnóstico também permite realizar intervenções não medicamentosas em uma fase precoce do declínio.

Esse tratamento reveste duas funções:

• desacelerar o declínio de certas capacidades cognitivas dos pacientes;

• servir de ferramenta para o acompanhamento do estado cognitivo e fisiológico.

2

O transtorno cerebral orgânico degenerativo ou a demência

Primeiramente, eu gostaria de chamar a sua atenção para o conceito de demência, que deve ser totalmente diferenciado do conceito de doença psiquiátrica.

Chama-se "demência" a alteração progressiva e global das funções intelectuais ligada a um transtorno cerebral orgânico. Em outras palavras, embora certos sintomas da demência sejam, em sua forma, semelhantes a certos sintomas do paciente psiquiátrico (sobretudo no que diz respeito aos distúrbios do comportamento), eles não apresentam de modo algum a mesma etiologia.

Na demência, a alteração intelectual provoca consequências na personalidade e nas atividades profissionais e sociais.

A Doença de Alzheimer representa de 60% a 70% dos casos de demência.

A Doença de Alzheimer (DA)

Essa doença foi descoberta em 1907 pelo médico alemão Alois Alzheimer. Ela caracteriza-se por uma degenerescência evolutiva de certas células nervosas.

Assim, formam-se placas senis: moléculas inativas, tóxicas para o cérebro, contendo em seu centro uma substância composta por proteína beta-amiloide, que impede os neurônios de exercerem suas funções.

Esse quadro se associa a uma atrofia cerebral progressiva e uma degenerescência neurofibrilar que causa enrijecimento do neurônio e a redução da produção e circulação de neurotransmissores (tais como a acetilcolina e o glutamato) indispensáveis ao processo de memorização.

Assim, as funções mnésicas são alteradas – e, em primeiro lugar, a capacidade de codificação. Progressivamente, outras funções intelectuais e psíquicas são afetadas, tais como a orientação no tempo e espaço, a linguagem, o reconhecimento de objetos e fisionomias, a execução de gestos, a abstração, o juízo, o humor e o comportamento.

Embora a natureza das anomalias cerebrais tenha sido designada, a causa dessa doença permanece misteriosa.

Atualmente, podemos apenas evocar os fatores de risco:

1) A idade: a Doença de Alzheimer afeta 3% dos sujeitos com mais de 65 anos e 20% daqueles com mais de 85 anos.

2) Antecedentes familiares: certos genes interferem não como causa, mas como fator de risco. Somente 10% dos casos estão ligados a um fator familiar.

3) O sexo feminino: duas vezes mais mulheres do que homens são afetadas pela doença. Porém, esse dado deve ser relacionado com a maior esperança de vida delas e, provavelmente, com algum fator hormonal.

4) Hipertensão arterial: pode ser a causa de infartos cerebrais a partir dos quais a Doença de Alzheimer poderia se instalar.

5) Baixo nível intelectual: pessoas com pouco estudo ou não escolarizadas teriam uma capacidade de reserva sináptica menor. Por conseguinte, elas estariam propensas a um aparecimento mais precoce dos sintomas.

6) Isolamento: manter-se recluso e voltado para si mesmo favorece um empobrecimento do desempenho intelectual. Assim, ter uma vida social ativa e cultivar centros de interesse poderia retardar o aparecimento sintomático da doença.

Evolução da DA

A doença evolui de maneira diferente, dependendo dos sujeitos. Pouco a pouco, esses últimos tornam-se incapazes de lembrar, refletir, compreender, tomar decisões e agir.

A doença comporta três estágios, mas a duração de cada um e a gravidade dos sintomas que lhe são associados varia de um paciente para o outro.

Um tratamento medicamentoso, bem como cuidados não farmacológicos adequados, diminui a velocidade de sua evolução. Isso vale ainda mais quando o paciente é diagnosticado e tratado desde os primeiros sintomas, no primeiro estágio.

Estágio leve: Aparecimento de distúrbios mnésicos discretos. O sujeito consegue realizar suas atividades de forma quase normal. Esse estágio pode acompanhar-se por depressão.

Estágio moderado: O conjunto das funções cognitivas é alterado e problemas práticos surgem no cotidiano, o que prejudica a autonomia do sujeito. O paciente não se dá mais conta (ou muito pouco) de seus distúrbios.

Estágio grave: Perda de autonomia parcial ou total. Distúrbios consideráveis do comportamento. O paciente não tem mais vida relacional. Ele está inválido e provavelmente se encontra acamado.

Repercussão psicoafetiva da DA

Os distúrbios de memória indicam uma alteração da cognição e modificam, para o paciente, a imagem que ele tem de si mesmo. O paciente pode sentir-se estranho a si mesmo, desvalorizar-se, ter medo de ficar dependendo dos outros. Ter consciência dos distúrbios aumenta sua angústia. No início da doença, de 20% a 40% dos pacientes apresentam sintomas depressivos.

A patologia implica uma "ruptura" com o modo de vida anterior. Entretanto, a pessoa doente continua sendo um adulto, com seus valores, sensibilidade, direitos, dignidade e necessidade de contato social. A vontade de comunicar-se permanece intacta, mas os meios de consegui-lo diminuem. Isso pode levar, pouco a pouco, a uma introspecção e até um mutismo.

É por isso que a família e os amigos exercem um papel capital na transformação futura da pessoa doente.

A reação do ambiente ao redor: um apoio social e afetivo ou, ao contrário, uma denegação do diagnóstico ou/e uma rejeição do paciente vão, em grande parte, determinar o impacto da afecção na vida cotidiana do doente.

A família será o termômetro pelo qual o paciente tentará medir a extensão de seus distúrbios. Ela também será uma espécie de espelho revelador das verdades mais sutis.

Assim, a família assume uma tarefa fundamental na evolução da doença: fazer com que esse processo se torne mais suave.

3

A família do paciente ou o ajudante natural

Chamamos de "ajudante natural" o principal auxiliar do paciente, que, em geral, possui um laço familiar com ele. Esse ajudante natural, que reside ou não com o paciente (um cônjuge, companheiro, filho), forma com o enfermo uma entidade que se deve compreender e atender.

De fato, um diagnóstico de demência provoca repercussões tanto na vida do paciente quanto na de sua família e amigos.

A notícia de uma patologia suscita sentimentos diversos e ambivalentes em cada um, e requer uma readaptação do esquema familiar à nova dificuldade. Essa situação também implica reorganizações afetivas, financeiras, de tempo e energia.

Cada pessoa tem a sua quota de responsabilidades familiares e/ou profissionais a assumir, e nem sempre é fácil acrescentar mais uma a essa lista ao "vestir o uniforme" de ajudante natural.

As dificuldades encontradas ao encarregar-se desse papel são diversas e dependem do laço de parentesco com o paciente.

Assim, o filho de um paciente com DA pode:

• Sentir-se atormentado por exigências familiares antagonistas e concomitantes por parte de seus próprios filhos, cônjuge, irmãos e da outra figura parental.

• Ver problemas familiares virem à tona com relação ao pai/à mãe doente ou/e aos seus irmãos.

• Sentir-se incompetente para cuidar de seu pai/sua mãe.

• Ter dificuldade em integrar a "nova imagem" do pai/da mãe doente e a inversão de papéis que isso implica.

• Preocupar-se com a imagem que seus filhos terão de si próprio quando, por sua vez, ele for afetado por alguma doença.

• Pensar na perda de seu pai/sua mãe.

• Pensar na sua própria morte.

• Etc.

O cônjuge do paciente com DA pode igualmente encontrar algumas dessas dificuldades e, ao mesmo tempo, alimentar preocupações a respeito de sua própria saúde, o que não facilita nem um pouco a sua tarefa.

Por essa razão a família sofre com um sentimento de impotência e culpa, e passa por várias etapas psicológicas antes de conseguir fazer o luto de um parente são e perfeitamente autônomo.

A primeira etapa, a denegação, explica o fato de que a família nem sempre enxerga a doença de seu ente querido: ela se protege e preserva o seu membro agindo como se a doença não existisse.

A segunda etapa traz uma revolta ou raiva, que pode dirigir-se à equipe médica, a si mesmo e/ou aos seus entes queridos ou ainda ao próprio paciente.

A terceira etapa caracteriza-se por uma grande tristeza ou depressão, que surge quando o diagnóstico foi bem ouvido e entendido, embora sua aceitação seja fonte de sofrimento.

A quarta etapa exige que a família aceite esse diagnóstico e tente fazer tudo o que puder a fim de tornar a vida do seu ente querido, bem como a sua própria, a mais agradável possível, apesar das restrições impostas pela doença. "Fazer o luto" é isso.

Cada membro da família faz o luto no seu ritmo, mas esse processo pode ser facilitado por profissionais de saúde.

Diversos trabalhos já mostraram que o atendimento da família do paciente melhora a qualidade de vida de ambas as partes.

O atendimento da família do paciente reveste diversas formas. Você pode encontrar profissionais que propõem:

- Grupos de discussão para as famílias: essa iniciativa consiste em obter informações sobre a evolução da doença e desabafar com outras famílias.
- Atividades destinadas à dupla ajudante natural + paciente.
- Terapias sistêmicas (paciente + família), a fim de ajudar a família a descobrir e manter um novo equilíbrio.
- Terapias individuais.
- Atividades variadas exclusivamente para o paciente, as quais, de um lado, oferecem apoio à família, pois consti-

tuem um revezamento necessário, e, de outro, favorecem os laços sociais do doente e contribuem para conservar as capacidades intelectuais existentes.

Para obter informações sobre os atendimentos propostos na sua cidade, ou bairro, procure o especialista que você preferir ou o "centro de referência" mais próximo.

4

Um caminho: a plasticidade cerebral

Estudos já provaram que estímulos pertinentes e contínuos modificam favoravelmente a estrutura e o funcionamento do cérebro.

As técnicas de imagem eletrônica permitem identificar esse fenômeno por meio de uma observação do aumento do fluxo sanguíneo e do metabolismo cerebral.

A partir dessa descoberta outros trabalhos permitiram verificar que indivíduos afetados por *mild cognitive impairment*, bem como sujeitos com demência, seriam capazes de aprender, conseguindo melhorar seus desempenhos quando efetuam um treinamento.

Uma atividade cognitiva e psicossocial intensa contribuiria para retardar e/ou atenuar a evolução da doença. Essa prática também tem impacto na autoestima do paciente.

A partir dessas constatações alguns métodos psicossociais, tais como o estímulo e a reeducação cognitivos, bem como a reminiscência, foram aperfeiçoados, com o objetivo de buscar o reforço das capacidades preservadas.

Nessa mesma perspectiva, o atendimento psicomotor solicita a motricidade e os sentidos; a arteterapia e a musicoterapia apoiam-se nas capacidades criativas e artísticas dos indivíduos.

O fortalecimento cognitivo pelos contos de fadas foi concebido a partir do modelo científico evocado anteriormente, e tem como objetivo retardar a evolução da patologia e melhorar a qualidade de vida dos pacientes.

Isso não nos permite pensar que um estímulo cerebral impediria a morte neuronal ou protegeria os indivíduos contra patologias mnésicas. Esse não é o caso.

5

Fortalecimento da memória pelos contos de fadas

Por que usar os contos de fadas?

Os contos de fadas são narrações de aventuras imaginárias que colocam em cena personagens estereotipados, divididos entre bons e maus, em situações fabulosas. Essas narrações esquemáticas, com papéis preestabelecidos, uma conjugação e um ritmo próprios, tiram o paciente do cotidiano da sua doença e o transportam a um mundo mágico.

A cadência específica do conto constrói uma ponte entre o presente e o passado, a infância do paciente, e evoca lembranças autobiográficas.

A exploração dos contos de fadas sob as dimensões psicoafetiva e cognitiva recorre a muitos processos cognitivos de alto nível (atenção, percepção, memorização, verbalização, abstração) e põe em ação as capacidades residuais, reforçando os laços, devolvendo confiança, incentivando e favorecendo uma imagem mais positiva de si próprio, ao mesmo tempo.

Os contos de fadas favorecem a mobilização de imagens mentais e facilitam a solicitação de vários processos cognitivos.

Eles também podem evocar antigas lembranças, que, na DA, são as mais bem-fixadas.

Criação de sessões de fortalecimento da memória pelos contos de fadas

Eu concebi e coloquei em prática sessões de fortalecimento da memória, e mais amplamente cognitivo pelos contos de fadas, para pacientes externos em um contexto hospitalar.

A duração do projeto era de dois meses, e as sessões foram realizadas uma vez por semana durante uma hora e quinze minutos. Os grupos eram compostos de seis a oito pessoas, que eu coordenava com a ajuda de dois estagiários em psicologia.

Os participantes eram pessoas com distúrbios cognitivos leves ou com Doença de Alzheimer leve a moderada, e os ajudantes naturais eram bem-vindos.

Os indivíduos com Doença de Alzheimer leve a moderada apresentam uma redução do estoque lexical e lapsos de palavras, mas sua compreensão oral e leitura são preservadas.

Os distúrbios de atenção manifestam-se por crescentes dificuldades em focalizar e manter uma atenção de qualidade, a qual é recomendável exercitar. O juízo é pouco afetado, e a memória semântica é a atingida mais tardiamente. Ter consciência dos distúrbios pode provocar uma síndrome depressiva.

O conteúdo das sessões foi elaborado levando-se em conta os recursos cognitivos residuais a serem reforçados e fatores psicoafetivos adjacentes.

A importância e a eficácia desse trabalho foram avaliadas ao longo de testes e questionários antes e depois do fim de cada projeto.

Em termos de qualidade, pudemos observar uma melhora no humor dos participantes; além disso, muitos deles desejaram repetir a experiência, emitindo opiniões bastante positivas sobre essa atividade.

Das sessões ao livro

Este livro foi concebido no intuito de permitir que os interessados fortaleçam e otimizem seus recursos cognitivos, a seu próprio ritmo, no cotidiano.

Ele também permite que o ajudante natural ou o profissional de saúde variem e enriqueçam as interações e atividades cotidianas com o paciente, proporcionando-lhe estímulos regulares.

Não se trata de um tratamento exclusivo e absoluto.

Essa prática não deve substituir as sessões de estímulo e fortalecimento cognitivos dispensadas por psicólogos e neuropsicólogos qualificados, que intervêm de modo pedagógico e psicoterápico ao mesmo tempo. Ela pode ser usada paralelamente.

O atendimento dos distúrbios cognitivos deve ser integrado em um projeto terapêutico global, visando inserir o sujeito da melhor forma possível em seu contexto social, familiar ou institucional.

Ele não tem limite de tempo e, portanto, deve combinar-se aos hábitos cotidianos, respeitando o ritmo e as capacidades de cada um.

O fortalecimento cognitivo pelos contos de fadas é uma modalidade terapêutica não medicamentosa, que não exclui um tratamento medicamentoso. O importante é que ele possa proporcionar prazer às pessoas envolvidas. De fato, incentivo e emoção são os melhores trunfos para trabalhar o seu potencial cognitivo.

Manual de uso deste livro

Para quem?

Este livro é indicado para pessoas que sofrem de distúrbios de memória, sejam eles distúrbios cognitivos leves (MCI) ou distúrbios orgânicos degenerativos leves a moderados.

Esse trabalho deve ser realizado com a participação de um terceiro: um ajudante natural (família ou amigos) ou então um profissional de saúde (psicólogo, neuropsicólogo, fonoaudiólogo, especialista em psicomotricidade).

Objetivo principal

O objetivo do estímulo por meio dos contos de fadas é fortalecer os recursos cognitivos residuais ao solicitar funções poupadas pela doença, reativando ou suscitando o prazer de funcionamento ao mesmo tempo.

Objetivo mais vasto

Todo atendimento não medicamentoso visa melhorar a qualidade de vida do sujeito e de sua família e amigos, bem como retardar uma eventual internação. Porém, ele deve inscrever-se em um projeto terapêutico global, e não exclusivo.

Como utilizar o livro?

Uma pessoa com distúrbios de memória nem sempre tomará a iniciativa de realizar essa atividade. Esse papel cabe ao ajudante.

Este último fará a leitura de um conto em voz alta e, em seguida, ele deve sugerir os exercícios associados.

Um mesmo conto pode ser dividido e virar tema de várias sessões de trabalho.

As atividades podem ser repetidas inúmeras vezes, visto que a repetição ajuda a fortalecer os progressos.

Certos exercícios parecerão mais difíceis do que outros – é natural, pois os indivíduos têm potenciais intelectuais diferentes. As atividades mais fáceis não devem ser deixadas de lado, pois elas reforçam o sentimento de controle do paciente.

Alguns terão tendência de afirmar que o conjunto das atividades é fácil demais. Não acredite muito nessas declarações: elas talvez façam parte de uma defesa psicológica natural ou tentativa de escapatória.

É importante favorecer a autonomia e não responder no lugar do outro. Entretanto, você pode "mostrar-lhe o caminho certo" durante uma atividade laboriosa, para evitar que o paciente sofra uma derrota.

A duração de uma sessão deve ser modulada em função da resistência ao cansaço de cada um, podendo ir de trinta minutos a cerca de uma hora.

Essa prática deve ser fonte de prazer e distração, no intuito de proporcionar um impacto psicoafetivo positivo.

Tente instaurar certa rotina em torno do exercício. O ambiente, o material e o momento do dia escolhidos devem contribuir para passar um sentimento de familiaridade tranquilizador.

Quais contos de fadas?

Este livro apresenta contos de fadas escritos pelos irmãos Jacob e Wilhelm Grimm.

Eu era pequenininha quando esses contos me abriram para um mundo misterioso e original.

Minha primeira coleção dos irmãos Grimm me foi dada pelo meu avô e ainda ocupa um lugar de destaque na minha biblioteca. Eu transmiti à minha filha o gosto de ler contos. E, nos últimos quatro anos, aos meus pacientes, o gosto de escutá-los.

Cada conto de fada foi reescrito de modo a reduzir o tempo de escuta a uma duração de cerca de oito minutos. Tentei manter-me fiel à mensagem veiculada e à magia transmitida pelos autores.

Tipos de atividades e funções solicitadas e fortalecidas

Cada conto recorre a um determinado número de atividades inspiradas pela história.

Cada atividade solicita e reforça certo número de funções cognitivas. Elas são variadas, mas mantêm um ritmo e pontos de referência estáveis, no intuito de facilitar uma sistematização dos aprendizados.

O quadro a seguir lhe fornece informações sobre as funções trabalhadas, e ao final do livro você pode consultar a resolução dos exercícios propostos.

Atividades	Objetivos
Reconstituição do texto (oral/escrita; individual/em dupla)	Reforçar a atenção/concentração Solicitar a memória auditiva Reforçar a compreensão Incitar à tomada de palavra Criar uma dinâmica de comunicação oral/escrita
Fabricação de imagens mentais	Otimizar a codificação Solicitar os processos de imagens mentais
Reconstituição das sequências	Estimular as funções executivas: – capacidade de julgamento – tomada de decisão – planejamento – raciocínio lógico Estimular a memória episódica
Busca de vocabulário Reconstrução da sintaxe	Estimular a memória semântica Estimular a memória de trabalho Fortalecer a flexibilidade mental Exercer a escrita

Atividades	Objetivos
Tarefas de recordação com tratamento da informação	Facilitar a codificação Estimular a memória de longo prazo
Criação de textos Questões sobre o ponto de vista pessoal	Reforçar as capacidades de raciocínio lógico e abstração Incitar à expressão escrita Reforçar o estoque lexical Solicitar a criatividade
Percurso visuoespacial	Análise topográfica Orientação no espaço Representação do espaço
Tarefas de lógica associativa	Fortalecer a flexibilidade mental Estimular a memória associativa

6

Contos e atividades

Conto 1: Rumpelstiltskin

Naquele tempo, um pobre moleiro, desejando se exibir aos olhos do rei, disse-lhe que sua filha era capaz de fiar palha, convertendo-a em ouro.

Muito ambicioso, o rei ordenou que o moleiro se apresentasse com ela no dia seguinte, bem cedo, no castelo.

Assim, a moça foi conduzida a uma sala repleta de palha até o teto. O rei lhe mostrou uma roda de tear e disse para ela transformar toda a palha em ouro antes da aurora, sob pena de morte. Ele então se retirou, deixando a porta trancada à chave.

A bela donzela nunca tinha sido capaz de tal proeza! Naquele momento, em total desespero, ela se pôs a chorar copiosamente.

De súbito, ela viu surgir no limiar da porta um pequenino duende com um ar bastante travesso.

Depois de escutar a história da jovem, ele lhe propôs transformar a palha em ouro, contanto que houvesse uma recompensa. A moça aquiesceu e lhe ofereceu o seu único colar.

O duende colocou mãos à obra e, de manhã bem cedinho, toda a palha havia desaparecido, e todas as bobinas brilhavam cobertas de ouro.

O rei ficou fascinado ao ver todo aquele ouro. Mas, como sua avidez não tinha limites, ele não se contentou com o que já possuía. Mandou levar a donzela para uma sala bem maior do que a precedente, contendo o dobro de palha, e ordenou que ela fiasse até o dia seguinte, se quisesse salvar a sua vida.

A bela jovem pôs-se então a chorar, mas o duende da noite anterior voltou e lhe pediu outro presente em troca do seu trabalho.

Ela tirou do dedo o seu único anel e o entregou ao duende, que logo começou a fiar a palha. A roda de tear girava e girava, e, como por magia, toda a palha transformava-se em ouro.

O rei ficou encantado com o resultado, porém, eternamente ambicioso, ele queria ainda mais. A moça foi conduzida a uma terceira sala, três vezes maior do que a precedente, e o monarca prometeu pedi-la em casamento, se ela fiasse como nas noites anteriores. Ele pensava consigo mesmo que, casando-se com ela, faria um excelente negócio!

Assim que a porta foi fechada o duende irrompeu e perguntou à linda jovem o que ela lhe ofereceria em troca dos seus favores. Só que, dessa vez, a moça não tinha mais nada. O duende então fez com que ela prometesse lhe dar o seu primeiro filho, quando se tornasse rainha.

Sentindo que havia caído em uma cilada e desejando preservar a sua vida, a bela donzela prometeu ao duende aquilo que ele desejava. O duende trabalhou ainda mais rápido e encheu a sala de ouro.

Satisfeito, o rei casou-se com a bela moleira, que se tornou rainha.

No ano seguinte, a rainha deu à luz um menininho, lindo como um anjo. Ela havia se esquecido da existência do duende, mas, um dia, ele apareceu no seu quarto, lembrando-lhe a sua dívida.

Mortificada, a rainha ofereceu toda a riqueza do reino se ele a permitisse ficar com o seu bebê. Mas o duende recusou: ele preferia aquela criaturinha viva a todo o resto.

A rainha caiu em prantos, e o duende, sem graça, concedeu-lhe três dias para adivinhar o seu nome. Se ela conseguisse, seu filho seria deixado em paz.

A rainha fez uma lista com todos os nomes que ela conhecia e enviou mensageiros pelo reino em busca de todos os nomes existentes.

O duende voltou na manhã do dia seguinte para verificar as descobertas da rainha. Ela leu em voz alta todos os nomes de sua lista, mas, a cada um que passava, o duende dizia:

– Não, não, não! Não é essa a minha denominação.

No dia seguinte, a rainha despachou emissários aos povoados vizinhos no intuito de descobrir novos nomes. Ela os recitou em seguida ao duende:

– Não te chamas Pedaço-de-Asno? Mala sem Alça? Talvez Amigo da Onça? Olho-de-Boi? Pata de Coelho?

– Não, não, não! Não é essa a minha denominação.

Veio o terceiro dia, e os mensageiros da rainha chegaram de viagem animados. No fundo de uma densa floresta eles haviam avistado a entrada de uma gruta e, diante dela, um duende dançando e entoando uma musiquinha:

– Eu sou o mandachuva do pedaço, comigo ninguém dá uma de João sem braço, é por isso que eu digo o meu nome com estardalhaço: Rumpelstiltskin.

Quando o duende chegou ao castelo a rainha começou dissimulando sua felicidade ao dizer:

– Vejamos, será que o teu nome não é Estrela Cadente? Ou então Raio de Luz?

– Não, não, não! Não é essa a minha denominação.

– E, por acaso, o teu nome não seria Rumpelstiltskin?

O duende urrou de raiva e puxou com tanta força a sua perna esquerda com as mãos que acabou despedaçando-se ao meio.

Desde aquele tempo a rainha vive tranquilamente com o seu querido filho.

Atividades

I. Compreensão da leitura. Responda oralmente às seguintes perguntas:

1) Qual é o título da história?

2) A moça era filha de um rei, de um camponês ou de um moleiro?

3) O que o moleiro contou ao rei?

4) O que o rei decidiu fazer então?

5) O que aconteceu depois?

6) Que recompensa a moça ofereceu ao duende na primeira noite?

7) Na segunda noite, o que a jovem deu ao duende para que ele fiasse no seu lugar?

8) Na terceira noite, o que o duende queria de recompensa pelo seu trabalho de fiação?

9) Quem se casou com a filha do moleiro?

10) Quando a donzela se tornou rainha ela teve um filho?

11) Que acordo o duende propôs à moça, esperando tomar-lhe o seu filho?

12) Como termina a história?

II. Complete as frases, dando-lhes novamente o sentido da história:

1) A rainha deu à luz um _____.

2) Um dia o duende apareceu em seu quarto, lembrando-lhe de _____ a sua dívida.

3) A rainha caiu em _____, e o _____, sem graça, concedeu-lhe três dias para adivinhar o seu nome.

4) A bela _____ nunca tinha sido capaz de tal proeza!

5) A moça foi conduzida a uma _____ repleta de palha até o teto.

6) Se ela quisesse escapar da morte, devia _____ aquela palha em ouro.

7) Em total desespero, a jovem se pôs a _____ copiosamente.

8) De súbito, a porta se abriu, e um _____, com um ar travesso, entrou na sala.

9) O rei ficou encantado com o resultado, porém, eternamente ambicioso, ele queria _____.

10) Eu sou o _____ do pedaço, comigo ninguém dá uma de João sem braço, é por isso que eu digo o meu _____ com estardalhaço: Rumpelstiltskin.

11) Ela tirou do dedo o seu único _____ e o entregou ao duende, que logo começou a _____ a palha.

III. Separe as palavras a seguir em duas categorias, de acordo com o seu gênero, e coloque-as em ordem alfabética:

menino – sala – nascimento – quarto – solução – coração – mensageiro – manhã – duende – louca – ideia – palha – moça – dia – tarefa – noite – nome – país

Palavras femininas	Palavras masculinas

IV. Risque o intruso em cada grupo de palavras e indique a razão da sua escolha:

1) jovem
   pequeno
   dedo
   avaro

2) amolar
   moleiro
   fiar
   girar

3) duende
   rei
   príncipe
   anel

4) asno
   duende
   onça
   boi

V. Envolva a palavra "foi" toda vez que ela aparecer nas linhas a seguir:

AGORASOFREFOIRESPONSAREIEDHERERFOIFUSMEFOIPFOLHAJF

ROMANCENTARFOIFLORESTAFAZERFÁCILFOIFILHOFOIFAMÍLIA

NDMARFOIFOIEDAPRÓXIMOFOIMOÇAFRANÇAFOLHAGEMFOIGR

AIMAGEMDERETFOIEMREIOIFCRESCEFÚTILFOIMAIOFOIHISTEOI

OSFANTUDOQUASTERRIVTALIEREFOIOFLIXAFOPALAVRASFOVIC

SALFOAJUDAFRAQUEFOICHANOIUTDOSFOIJOÃOMAIONFOUITEFO

VI. Complete as palavras a seguir, acrescentando as letras que estão faltando:

DAN __ __ R

EMPU __ __ AR

GRU __ __

RA __ __ HA

DU __ __ DE

AM __ __ HÃ

ME __ __ __ __ GEIRO

DESC __ __ __ __ RTAS

TRANS __ __ __ __ MAR

CON __ __ __ __ LAR

TR __ __ __ __ SSO

E __ __ __ __ PAR

HIST __ __ __ __ A

AM __ __ __ __ Ã

VII. Leia o conto e selecione cinco adjetivos contidos no texto:

1) _____

2) _____

3) _____

4) _____

5) _____

VIII. Escreva um pequeno texto contendo os cinco adjetivos que você encontrou:

_____
_____
_____
_____
_____
_____
_____
_____
_____
_____

IX.
a) Observe, denomine e memorize as imagens abaixo:

b) Cubra esta página, por favor.

Risque as imagens que você não tiver visto na página anterior:

X. Quais são as suas impressões sobre esse conto?

1) Um pobre moleiro contou ao rei que sua filha sabia fiar palha, transformando-a em ouro. Pois bem, ela não era capaz de fazê-lo. Qual a sua opinião sobre isso?
_____
_____
_____

2) O rei chamou então a moça e ordenou que ela convertesse toda a sua palha em ouro, senão ele mandaria matá-la. O que você pensa sobre isso?
_____
_____
_____

3) O que você faria no lugar da moça?
_____
_____
_____

4) Um duende chamado Rumpelstiltskin transformou a palha em ouro, ajudando assim a filha do moleiro. O que você acha dele?
_____
_____
_____

5) Você acha que a moça fez a coisa certa ao se casar com aquele rei?
_____
_____
_____

6) O que você faria para se livrar da chantagem de Rumpelstiltskin?
_____
_____
_____

Conto 2: O fuso, a lançadeira e a agulha

Era uma vez uma jovem órfã que morava com sua madrinha em uma humilde cabana no final de um vilarejo. A bondosa madrinha, que se sustentava com as obras de sua agulha, lançadeira e fuso, ensinou-lhe a sua profissão, bem como ter fé em Deus.

A moça tinha somente quinze anos quando a madrinha, doente, sentiu que o seu fim estava próximo e lhe deu a sua bênção, dizendo: "Minha querida filha, minha cabana te pertence e te protegerá das inclemências do tempo; cuida bem do meu fuso, lançadeira e agulha, com os quais nada te faltará à mesa. Vive sempre com o amor de Cristo". Em seguida, sua chama se apagou, e a pobre moça chorou intensamente, prestando-lhe as últimas homenagens.

Tendo ficado sozinha, a jovem havia seguido o conselho de sua madrasta, e assim nada lhe faltava: ela encontrava compradores para tudo o que ela fabricava. Possuía o suficiente para viver tranquilamente e ajudar os mais pobres.

Pouco tempo depois o filho do rei se pôs a viajar pelo país à procura daquela que se tornaria sua esposa. Ele não queria uma mulher rica, mas não seria adequado se ele escolhesse uma pretendente pobre. Ele decidiu então escolher aquela que seria, ao mesmo tempo, a mais rica e a mais pobre. Um belo dia ele chegou ao vilarejo da moça. Perguntou qual donzela era a mais pobre e qual era a mais rica da região. Apontaram-lhe a mais rica e lhe disseram que a mais pobre era a jovem que morava na humilde cabana.

A moça rica, em grande pompa, ficou espiando com impaciência a chegada do príncipe, que, montado em um cavalo branco, estava usando um belo chapéu de plumas. Ao vê-lo, ela lhe estendeu a mão, esperando receber um beijo. Ele a julgou demasiado altiva e continuou seu caminho sem fazer nenhuma pausa. Chegou à cabana da moça pobre, que, contudo, não o esperava. Ela estava trabalhando com afinco, trancada em seu quarto. Porém, entreviu furtivamente o príncipe, que a estava observando, e ficou toda rubra de emoção. Assim que o príncipe se foi, ela correu até a janela e, lembrando-se muito de sua madrasta, repetiu o refrão que ela costumava cantar:

"Voa, fuso, rápido e leve,

E traz o meu príncipe em breve".

O fuso deu um salto e se precipitou para fora. Ele descrevia zigue-zagues pelos campos, deixando por onde passava um rastro de ouro. A moça retomou seu trabalho utilizando a lançadeira.

O fuso terminou seu voo aos pés do príncipe. "Esse fuso quer me levar a algum lugar", disse ele, pondo-se a seguir o rastro de ouro.

A jovem continuou trabalhando e cantando como sua madrasta:

"Minha lançadeira querida,

Traz aqui o amor da minha vida".

A lançadeira pulou até a porta da cabana e começou a tecer um maravilhoso tapete composto de flores, folhagens e animais muito coloridos, aos quais só faltava o sopro da vida.

A moça pegou a sua agulha e se pôs a cantar:
"Ele logo virá, querida agulhinha,
Que a minha cabana esteja prontinha!"
Rápida como um raio, a agulha começou a decorar a sala com os mais belos tecidos de seda e veludo.

Foi então que a jovem donzela viu o príncipe chegando à sua casa. Ele caminhou sobre o belo tapete vermelho da entrada e viu a moça, vestida de modo bastante simples, mas resplandecente em meio ao luxo da decoração: tal como uma rosa em uma roseira. "Tu és a mais pobre e também a mais rica das donzelas; aceitas te tornar minha esposa?" Ela lhe estendeu a mão em silêncio. Ele a beijou e a conduziu em seu cavalo até a corte, onde foram celebradas as bodas.

O fuso, a lançadeira e a agulha foram preciosamente guardados junto com o tesouro real, e quem se aproximava deles sempre escutava uma melodia, uma voz feminina cantarolando, tranquila.

Atividades

I. Compreensão do texto. Responda oralmente às seguintes perguntas:

1) Como se intitula esse conto de fadas?

2) Quem são os autores?

3) Quem criou a moça?

4) O que aconteceu com a madrinha?

5) O que ela deixou para a jovem?

6) O que o filho do rei estava fazendo naquela época?

7) O que aconteceu quando o príncipe chegou à cabana da moça pobre?

8) O que a jovem fez quando o príncipe foi embora da cabana?

9) Depois do fuso, quem ela mandou ao trabalho?

10) Depois do fuso e da lançadeira, quem ela mandou ao trabalho?

11) O que o príncipe fez quando voltou à cabana?

12) O que a moça fez com o seu fuso, lançadeira e agulha?

II. Cinco frases, cada uma composta por três partes, foram misturadas. Ligue novamente com um traço as partes que compõem cada frase:

A agulha   continuava   generosamente.

O príncipe   pagava   a órfã.

A moça   acolheu   de seus dedos.

A bondosa velhinha   montou   trabalhando.

O comprador   escapuliu   em seu cavalo.

III. Complete as frases com as palavras adequadas:

1) Uma criança que não tem pais é uma Ó _ _ _.

2) Um P R _ _ _ _ _ _ é o filho de um rei.

3) A moça pobre morava em uma C _ _ A _ A.

4) O príncipe estava montado em um C _ _ _ _ _.

5) A jovem tinha um dom para trabalhos manuais e, assim como sua madrinha, sabia T E _ _ _, F _ A _ e C O _ T _ _ _ _.

6) O príncipe estava usando um chapéu com P _ _ _ _ S.

7) Um maravilhoso tapete composto de flores, folhagens e A N I _ _ _ _ muito C O L _ _ _ _ _ _.

8) O príncipe deu um B _ _ _ O em sua futura esposa.

9) Aceitas te T _ _ N _ _ minha esposa?

10) A agulha começou a D E C _ _ _ _ a sala com os mais belos tecidos de seda e veludo.

IV. Observe atentamente e tente memorizar as palavras a seguir:

FUSO

LUXO   AGULHA

CAVALO

PLUMA

Quando estiver pronto, cubra esta página.

Leia as palavras a seguir e risque as que não estavam na página anterior:

FUSO

CHAPÉU

LUXO   TAPETE

AGULHA

PLUMA

CAVALO

V. Descubra as duas letras que completam cada grupo de três palavras:

1) _ _ A P É U

   _ _ O R O U

   _ _ E G A D A

2) F I _ _ A

   V E R M E _ _ O

   F O _ _ A G E M

3) P U L _ _

   T E S _ _ R O

   E N S I N _ _

4) _ _ O F I S S Ã O

   S O _ _ O

   C O M _ _ A D O R E S

5) L A N Ç A D _ _ R A

   R O S _ _ R A

   B _ _ J O

6) M E L O D _ _

   V _ _ J A R

   I M P A C I Ê N C _ _

VI. Ligue com um traço cada palavra ao seu sinônimo:

PANO   SURPRESA

CONSERVAR   PÁLIDA

ACERCAR   TESOURO

BRANCA   CONJUNTURA

MELODIA   ÊXTASE

ALTIVA   IMPERCEPTÍVEL

ESTUPEFATA   PRESERVAR

PRODUTO   SALTAR

DOENTE   ABORDAR

FELICIDADE   OPULÊNCIA

CIRCUNSTÂNCIA   SOBERBA

PULAR   INDISPOSTO

INVISÍVEL   TECIDO

RIQUEZA   GANHO

LUXO   CANTO

VII. Envolva a única palavra que possui o mesmo número de consoantes e vogais:

QUERIDA

HUMILDE

ORQUÍDEA

ZIGUE-ZAGUES

LANÇADEIRA

HOMENAGENS

PÁSSARO

VIII. Observe mais uma vez as palavras da página anterior. Agora tente encontrá-las a partir dos indícios abaixo:

QUE___A

HU___DE

OR____EA

ZIGUE-____ES

LA_____IRA

HOME____NS

PÁ___RO

IX. Releia o final do conto de fadas e tente redigir a continuação da história. Dê asas à sua imaginação!

[...] Ela lhe estendeu a mão em silêncio. Ele a beijou e a conduziu em seu cavalo até a corte, onde foram celebradas as bodas.
O fuso, a lançadeira e a agulha foram preciosamente guardados junto com o tesouro real, e quem se aproximava deles sempre escutava uma melodia, uma voz feminina cantarolando, tranquila.

Conto 3: O festim celestial

Um dia, na igreja de seu vilarejo, um humildezinho camponês escutou o padre aconselhar os fiéis a seguirem o caminho direito para entrar no paraíso. Não tendo entendido o sentido figurado da frase, ele colocou o pé na estrada, seguindo o caminho direito, e não o esquerdo, sem olhar para trás. Depois de alguns anos de peregrinação, a direção que ele havia tomado dava bem no meio de uma magnífica igreja, onde um sacerdote estava celebrando a missa. Encantado com a beleza e a atmosfera do lugar, o camponesinho acreditou ter chegado ao céu e ficou por lá.

No fim da missa o sacristão lhe pediu para sair, mas o menino se recusou e expressou sua vontade de permanecer "no paraíso". O padre, ao ficar sabendo de tudo, decidiu não decepcionar o camponês. Ele então o deixou permanecer e trabalhar na igreja.

Durante seu trabalho o humilde camponês notou que uma multidão de fiéis adorava de joelhos uma estátua de madeira da Virgem Maria e do Menino Jesus. Convencido de que, ali bem na sua frente, encontrava-se o Santo Deus em pessoa, ele disse à imagem: "Senhor, como Vós estais magro! Eu virei aqui todos os dias para compartilhar o meu pão convosco". E assim o fez. Graças às suas oferendas, a estátua parecia crescer dia após dia.

Certo tempo depois o camponesinho adoeceu, sendo obrigado a ficar de repouso em sua cama durante uma semana inteira. Logo que retomou forças ele se colocou diante da estátua e pediu perdão, com sinceros remorsos, por sua ausência. O padre, que, já havia algum tempo, vinha notando as mudanças da estátua, postou-se discretamente atrás dele, a fim de entender o que estava acontecendo. Assim, ele pôde escutar o Menino Jesus responder ao camponês: "Meu camponesinho, tua bondade é infinita. Por isso, tu serás convidado no próximo domingo ao festim celestial".

O padre decidiu fazer com que o camponês estivesse preparado para aquele grande dia, no qual ele receberia sua Comunhão. Quando chegou o domingo, o menino assistiu à missa, mas, na hora da Comunhão, deu um profundo suspiro: Deus o havia chamado para perto de si, convidando-o à mesa do festim celestial.

Um sorriso iluminava o seu rosto, finalmente sereno.

Atividades

I. Compreensão do texto. Responda oralmente às seguintes perguntas:

1) Por que o camponesinho durante muito tempo seguiu o caminho direito?

2) Por que um dia ele parou?

3) O que ele disse quando o sacristão lhe pediu para sair da igreja?

4) O que os fiéis adoravam?

5) O que ele pensou ao ver a estátua de madeira?

6) Por que o camponesinho parou, durante uma semana, de alimentar a estátua?

7) O que Deus prometeu ao camponesinho?

8) O que aconteceu no domingo seguinte?

II. Ligue as letras da palavra "sacristão" na ordem certa:

A	C	S	P	H	F	O	I	N
L	A	C	D	X	O	U	N	F
Z	R	C	B	K	L	A	F	W
Q	E	M	I	S	G	J	L	B
T	V	G	D	P	M	L	O	H
R	B	E	Ã	U	K	L	Z	R
O	G	T	R	E	Z	C	X	S
C	D	X	N	J	U	Y	T	P

III. Encontre as duas palavras misturadas contidas em cada linha:

1)	SAN	DAR	TO	AN
2)	FES	BRE	PO	TIM
3)	GRO	SA	MIS	MA
4)	ÉIS	GEM	FI	VIR
5)	PER	MA	DÃO	CA
6)	GAR	LU	SUS	JE
7)	TO	DRE	PA	ROS
8)	FRA	ZER	SE	FA
9)	FOR	TAS	POR	ÇAS
10)	DE	GRAN	US	DE

IV. Soletre ao contrário as palavras a seguir:

FRASE

FAZER

FORÇAS

PORTAS

ESTÁTUA

JOELHOS

TRABALHO

SACRISTÃO

V. Tente encontrar as palavras que vimos na página anterior. Veja a seguir o início delas:

FRA _ _

FAZ _ _

FOR _ _ _

POR _ _ _

EST _ _ _ _

JOE _ _ _ _

TRAB _ _ _ _

SACR _ _ _ _ _

VI. Agora, leia-as novamente e vire a página. Você consegue se lembrar de algumas das palavras que vimos?

VII. Encontre as 10 palavras que se escondem nesse caça-palavras (veja a lista abaixo).

Preste atenção, pois as palavras podem estar na vertical, horizontal ou transversal, da esquerda para a direita ou ao contrário.

A	V	V	A	P	O	E	T	F	P	E	V	C	B	S	P
T	I	R	B	F	I	S	S	A	C	R	I	S	T	Ã	O
X	R	I	P	O	R	T	A	S	U	T	F	Z	X	E	I
É	U	A	J	R	U	Á	N	A	P	I	H	Ã	R	O	C
R	A	R	B	Ç	O	T	E	R	Ã	N	C	Q	U	A	H
Z	O	L	H	A	N	U	G	S	O	H	L	E	O	J	A
X	D	E	U	S	L	A	U	E	J	Z	I	V	T	E	R
G	C	B	I	T	E	H	F	C	O	I	C	A	É	L	I
H	É	O	Q	C	R	T	O	N	I	N	E	M	B	P	R
L	U	G	U	I	Á	M	L	H	U	Á	J	O	N	I	M

        PÃO
        CÉU
        DEUS
        PORTAS
        FORÇAS
        MENINO
        ESTÁTUA
        JOELHOS
        TRABALHO
        SACRISTÃO

VIII. Coloque as palavras na ordem certa para formar frases:

1) tinha – que – ao – acreditou – céu – chegado – Ele
___

2) o – ficar – O – igreja – deixou – na – padre
___

3) crescer – após – parecia – dia – dia – estátua – A
___

4) depois, – e – adoeceu – Certo – cama – ele – tempo – de – ficou – sua – repouso – em
___

5) Deus – à – e – mesa – o – celestial – fez – festim – do – sentar – chamou – o
___

6) sereno – iluminava – sorriso – o – seu – Um – finalmente – rosto,
___

7) Ele – dia – então – o – grande – para – preparou – aquele
___

IX. Invente um final para cada frase a seguir. Dê asas à sua imaginação!

1) Certo tempo depois, ele adoeceu... _____
_____
_____
_____

2) Graças às suas oferendas, dia após dia, a estátua parecia crescer...
_____
_____
_____
_____

3) No final, seu caminho o levou a uma grande igreja... _____
_____
_____
_____

4) Senhor, como Vós estais magro!
_____
_____
_____
_____

5) O padre decidiu prepará-lo para aquele grande dia...
_____
_____
_____
_____

Conto 4: O Rei Sapo

Era uma vez uma jovem princesa, cuja beleza excepcional aquecia até os raios do nosso astro matinal.

No verão a princesa costumava passear na floresta perto do castelo e se refrescar com a água de um velho poço. Um dia ela sentou na beira do poço e ficou brincando com sua bola dourada, presente de seu querido pai. Por falta de sorte, a bola escapou de suas mãos e caiu no fundo do poço.

A princesa caiu em prantos e lamentações, quando, de repente, uma voz pegajosa disse:

– O que me darias se eu fosse buscar tua querida bola dourada no fundo do poço?

Olhando em volta de si, a princesa viu um sapo falante e lhe respondeu:

– O que quiseres, bondosa criatura: meus colares, minha coroa de ouro e muitos outros presentes.

– Não é o que eu quero. Eu quero que tu gostes de mim: que tu brinques comigo, convides-me a sentar à tua mesa e deitar na tua cama. Tu consentirias?

A princesa achou o sapo bem tolo. Como ele podia querer ser o companheiro de diversão de um ser humano? Não era sensato! Mesmo assim, ela aceitou. Porém, logo que a bola dourada voltou às suas mãos, a princesa correu para o castelo, esquecendo suas promessas.

Na hora do jantar a família escutou um barulho estranho vindo das escadas da entrada: "Splish! Splash!" A princesa, agitada, olhou e viu o sapo verde. Ela se precipitou e foi fechar a porta, mas a criatura continuava chamando-a.

Vendo-a tão nervosa, o rei lhe fez algumas perguntas, e ela acabou contando toda a história. Quando terminou de falar, o rei ordenou que o réptil entrasse no castelo:

– Devemos sempre cumprir as nossas promessas!, disse ele.

À mesa, o sapo comeu no prato de ouro e bebeu no copo de prata da princesa. A jovem, enojada, não conseguia mais engolir o seu jantar.

Na hora de dormir a princesa deitou em sua cama de baldaquino e fechou as cortinas. Mas o sapo pulou e se aconchegou em seu travesseiro de seda. A proximidade daquela pele viscosa repugnou à princesa, mas ela fechou os olhos e tentou dormir para fugir daquela situação insuportável.

De manhãzinha, ela abriu os olhos e viu que o sapo estava transformando-se lentamente em um belo rapaz, com uma coroa na cabeça.

– Bela princesa, obrigado. Há muito tempo atrás uma malvada bruxa havia jogado um feitiço em cima de mim. A acolhida em teu castelo me livrou dele. Eu sou príncipe em meu país e gostaria que tu te tornasses minha esposa!

O rei ficou muito feliz em celebrar as bodas de sua filha em grande pompa.

O príncipe e a princesa tiveram muitos filhos e viveram felizes para sempre!

Atividades

I. Compreensão do texto. Responda oralmente às seguintes perguntas:

1) Qual é o título da história?

2) Como era a princesa?

3) Ela tinha irmãos?

4) Qual era o seu brinquedo favorito?

5) Onde a bola havia caído?

6) Quem lhe ofereceu ajuda?

7) Como era o sapo?

8) O que ele pediu em troca do seu favor?

9) A princesa cumpriu suas promessas de bom grado?

10) O que aconteceu quando a princesa acordou de manhãzinha?

11) Como termina a história?

II. Marque com um "X" a(s) definição(ões) das palavras a seguir. Se não encontrar a(s) resposta(s), você pode consultar um dicionário.

1) Viscosa:

( ) Melada.
( ) Melodiosa.
( ) Colante.
( ) Melosa.

2) Pegajosa:

( ) Colante, viscosa.
( ) Pegada.
( ) Excessivamente suculenta.
( ) Disposição pessoal específica.

3) Insuportável:

( ) Insuspeitável.
( ) Insubordinável.
( ) Inadmissível.
( ) Insustentável.

4) Beira:

( ) Lago.
( ) Braço morto de um rio.
( ) Porto fluvial.
( ) Margem.

5) Tolo:

( ) Planta herbácea.
( ) Bobo.
( ) Absorto.
( ) Estúpido.

6) Precipitar:

( ) Atormentar.
( ) Acelerar.
( ) Apressar.
( ) Afobar.

III. Complete o seguinte trecho do texto com as palavras certas. Utilize as palavras da lista que se encontra no pé da página.

Preste atenção! Cada palavra deve ser utilizada uma única vez.

A princesa achou o _____ bem bobo. Como ele podia _____ ser o companheiro de _____ de um ser _____? Não era sensato! Mesmo assim, ela _____. Porém, logo que a _____ dourada voltou às suas _____, ela correu para o castelo, _____ suas promessas.

Na hora do _____ a família escutou um _____ estranho vindo das _____ da entrada: "Splish! Splash!" A princesa, _____, olhou e viu o sapo verde.

humano	escadas
barulho	diversão
mãos	agitada
aceitou	querer
esquecendo	jantar
sapo	bola

IV. Ligue cada frase da esquerda a uma frase da direita, dando-lhes coerência:

A linda bola dourada escapou de suas mãos

    e eu gostaria que tu te tornasses minha esposa.

Durante o jantar,

    e caiu no fundo do poço.

O sapo deitou

    enquanto brincava com sua bola.

Eu sou príncipe em meu país

    um barulho estranho foi ouvido na entrada.

A proximidade daquela pele viscosa

    em cima do seu travesseiro.

Ela sentou na beira,

    repugnou à princesa.

V. Encontre o máximo de palavras com a mesma raiz que as seguintes palavras:

1) Dourada:

_____

_____

2) Prometer:

_____

_____

3) Excepcional:

_____

_____

4) Companheiro:

_____

_____

5) Transformar:

_____

_____

VI. Você consegue soletrar ao contrário as palavras abaixo?

BOLA

PELE

FUNDO

LINDA

HUMANO

JANTAR

CASTELO

VII. Tente encontrar as palavras que você viu na página anterior. O início de cada palavra já está escrito:

BO _ _

PE _ _

FUN _ _

LIN _ _

HUM _ _ _

JAN _ _ _

CAST _ _ _

VIII. Invente uma frase com cada uma das palavras acima:

_____
_____
_____
_____
_____
_____

IX. Encontre o caminho que levará a princesa até o poço:

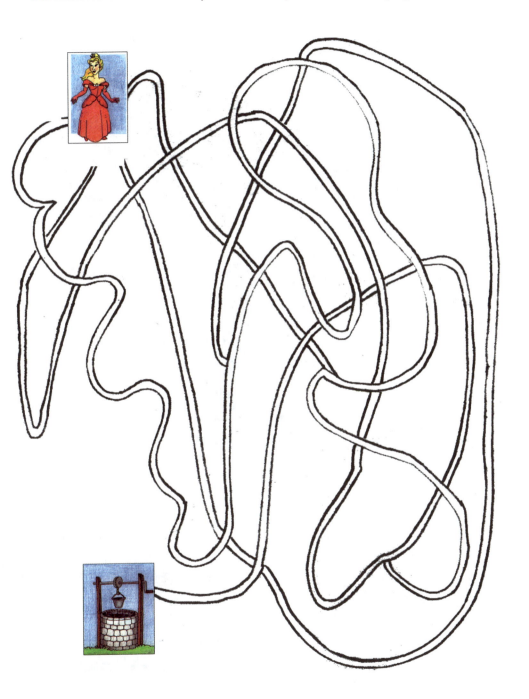

X. Envolva as imagens contidas nesse conto:

XI. Quais são as suas impressões sobre esse conto?

1) Você gostou desse conto? Por quê?

_____

_____

2) O que você acha da princesa?

_____

_____

3) Você aceitaria que o sapo dormisse em cima do seu travesseiro? Por quê?

_____

_____

4) Você já bebeu a água de um poço? Onde?

_____

_____

5) Você consegue imaginar um outro final para essa história?

_____

_____

Conto 5: Os três artesãos

Era uma vez três artesãos que, não achando trabalho, não tinham mais nada para comer e nem para vestir.

Eles decidiram, então, ir juntos procurar trabalho em outra cidade. Um belo dia eles viram que, em sua direção, vinha um homem de aspecto muito rico, vestido com refinamento. O homem lhes fez várias perguntas sobre eles.

Os artesãos contaram seus reveses e, depois de escutá-los, o rico cavalheiro afirmou que eles teriam trabalho e dinheiro em abundância se aceitassem obedecer às precisas ordens que ele lhes ditaria.

Um dos três artesãos se pôs a observá-lo e notou que um de seus pés era bifurcado como a pata de um bode. Ele imediatamente se recusou a fazer negócio com o outro, pois não queria comprometer nem a sua alma e nem a sua salvação. Então, o rico cavalheiro, que, sem tirar nem pôr, era o diabo em pessoa, explicou que não cobiçava a alma dos três, mas que, com a ajuda deles, conseguiria sem demora outra alma que já lhe pertencia pela metade.

Os artesãos acreditaram nele e consentiram com aquele pacto. O diabo esclareceu então a regra que devia ser seguida: para qualquer pergunta que lhes fosse feita, o primeiro devia responder: "Nós três!", o segundo acrescentaria: "Por dinheiro!", e o terceiro concluiria: "E tínhamos razão!" As respostas deviam ser invariáveis e dadas exclusivamente naquela ordem; caso contrário, todo o dinheiro desapareceria.

Dito isso, seus bolsos encheram-se com moedas de ouro. Os três companheiros anotaram caprichosamente os dados da cidade e da hospedaria às quais o diabo os mandou irem.

Chegando lá, o dono da hospedaria, sorridente, perguntou se eles queriam uma ligeira refeição.

– Nós três! Disse o primeiro.

– Por dinheiro! Afirmou o segundo.

– E tínhamos razão! Respondeu o terceiro.

O hospedeiro aquiesceu e trouxe inúmeros pratos deliciosos e uma garrafa de seu melhor vinho.

Quando veio a conta, os três compadres pagaram generosamente, dando até mais do que a soma que o hospedeiro estava pedindo. Isso suscitou o mexerico de todos os outros clientes.

Durante toda a sua estadia, eles nunca disseram outras palavras senão: "Nós três!", "Por dinheiro!" e "E tínhamos razão!" No entanto, eles observavam o que acontecia ao seu redor. Depois de alguns dias, um grande comerciante chegou à hospedaria com uma maleta cheia de dinheiro e decidiu entregá-la aos cuidados do hospedeiro, temendo que os três artesãos, considerados como loucos, roubassem-na.

O hospedeiro acomodou o rico comerciante em um quarto um pouco afastado, que se situava no primeiro andar. Durante a noite, armados com um grande machado, o hospedeiro e sua mulher o assassinaram e em seguida voltaram para o quarto deles.

De manhãzinha, formou-se um tumulto em torno do cadáver do comerciante, ensopado de sangue! O hospedeiro acusou os três artesãos excêntricos e meio malucos, o que pareceu bastante plausível aos outros hóspedes.

O hospedeiro os chamou e questionou:

– Quem matou o comerciante?

– Nós três!, disse o primeiro.

– Por dinheiro!, sublinhou o segundo.

– E tínhamos razão!, revelou o terceiro.

– Esses assassinos sem escrúpulos confessaram o crime!, exclamou-se o dono da hospedaria.

Os artesãos foram levados para a prisão, onde o diabo fez uma aparição e lhes disse para aguentar mais um dia, pois nada aconteceria com eles.

No tribunal, o juiz os interrogou:

– Os senhores são os assassinos do comerciante?

E eles confirmaram: "Nós três!", "Por dinheiro!", "E tínhamos razão!"

O juiz, chocado diante de tamanho sangue-frio, ordenou que eles fossem imediatamente condenados à pena de morte. Uma multidão cercou o cadafalso. O carrasco já estava com a espada na mão, quando uma carruagem puxada por quatro cavalos vermelhos subitamente surgiu e freou com estardalhaço. Dela desceu o diabo, vestido como um nobre cavalheiro e agitando um lencinho branco em sinal de misericórdia.

Diante da multidão surpresa, ele autorizou os três compadres a falarem livremente. Então, o primeiro artesão contou a verdade, apontou o culpado e acrescentou que, no porão da hospedaria, estavam os corpos de outras vítimas que o hospedeiro havia eliminado.

Tendo encontrado as provas indicadas pelos artesãos, o juiz ordenou que o carrasco cortasse a cabeça do assassino.

O diabo finalmente havia conseguido pegar a alma que lhe era devida.

Os três artesãos ficaram novamente liberados para dizerem o que quisessem e, durante a vida toda, nunca lhes faltou dinheiro.

Atividades

I. Compreensão do texto. Responda oralmente às seguintes perguntas:

1) Qual é o título desse conto de fadas?

2) Por que os três artesãos decidiram ir embora da cidade onde moravam?

3) Quem eles encontraram no caminho?

4) Que pacto o desconhecido propôs aos três artesãos?

5) Quais eram as três frases que eles sempre deviam dizer?

6) Por que o dono e os clientes da hospedaria acharam que os três compadres eram excêntricos e meio malucos?

7) Algum tempo depois, chegou um senhor à hospedaria. Quem era ele?

8) O que ele pediu ao hospedeiro?

9) O que aconteceu durante a noite?

10) Quem foi acusado pelo crime? Por quê?

11) O que o juiz decidiu a respeito dos três compadres?

12) Como o diabo interferiu?

13) Qual é o final da história?

II. Complete o seguinte trecho do texto com as palavras certas. Utilize as palavras da lista que se encontra no pé da página.

Preste atenção! Cada palavra deve ser utilizada uma única vez.

Um dos três _____ se pôs a observá-lo e notou que um de seus pés era _____ como a pata de um bode. Ele imediatamente se recusou a fazer _____ com o outro, pois não queria comprometer nem a sua _____ e nem a sua salvação. Então, o rico cavalheiro, que, sem tirar nem pôr, era o _____ em pessoa, _____ que não _____ a alma dos três, mas que, com a _____ deles, conseguiria sem _____ outra alma que já lhe _____ pela metade. Os artesãos _____ nele e consentiram com aquele _____.

    cobiçava   artesãos
    acreditaram   demora
    alma   pacto
    bifurcado   diabo
    explicou   negócio
    pertencia   ajuda

III. Associe e memorize as cinco duplas de palavras:

Preste atenção! Para guardá-las mais facilmente na memória, descubra uma ligação entre as palavras de uma mesma linha e anote-a em uma folha. Faça o mesmo linha por linha.

CARRUAGEM	CAVALOS
FOME	BARRIGA
ROUPAS	NADA
ARTESÃO	SALVAÇÃO
CADÁVER	CADAFALSO

IV. Você já memorizou as cinco duplas de palavras?

Complete a lista com as palavras que estão faltando:

CARRUAGEM _____

FOME _____

ROUPAS _____

ARTESÃO _____

CADÁVER _____

Se tiver dúvidas, complete a lista consultando a página anterior. Faça mais um esforcinho mnésico! Concentre-se.

V. Vamos tentar fazer o exercício no sentido contrário agora. Complete a lista com as palavras que estão faltando:

_____   CAVALOS

_____   BARRIGA

_____   NADA

_____   SALVAÇÃO

_____   CADAFALSO

VI. Marque com um "X" a(s) definição(ões) das palavras a seguir. Se não encontrar a(s) resposta(s), você pode consultar um dicionário.

1) Compadre:

   ( ) A pessoa que ajuda uma outra a fazer uma trapaça.
   ( ) Amigo.
   ( ) Membro da mesma família.

2) Revés:

   ( ) Revisão.
   ( ) Infortúnio.
   ( ) Lado oposto, contrário.

3) Bifurcado:

   ( ) Rachado.
   ( ) Recurvado.
   ( ) Recheado.

4) Plausível:

   ( ) Hermético.
   ( ) Verossímil.
   ( ) Digno de aplausos.

5) Pegar:

( ) Agarrar.
( ) Subtrair.
( ) Segurar.

6) Maluco:

( ) Mestiço, filho de homem branco e mulher índia.
( ) Louco.
( ) Que vive no campo, caipira, matuto.

7) Tumulto:

( ) Longo túnel.
( ) Desordem.
( ) Pedra tumular.

8) Ensopado:

( ) Encharcado.
( ) Ensaboado
( ) Guisado de peixe ou carne.

9) Consentimento:

( ) Salvaguarda.
( ) Proibição.
( ) Acordo.

VII. Coloque as palavras na ordem certa para formar frases:

1) ficaram – três – livres – Os – novamente – artesãos

_____

2) garrafa – pratos – uma – vinho – O – trouxe – de – hospedeiro – deliciosos – e

_____

3) acomodou – quarto – O – do – o – primeiro – em – hospedeiro – um – andar – comerciante

_____

4) visitá-los – o – para – levados – foram – a – diabo – onde – foi – Eles – prisão,

_____

5) puxada – vermelhos – repente, – uma – cavalos – por – surgiu – quatro – carruagem – De

_____

6) diabo – que – pertencia – alma – O – pegar – lhe – conseguido – a – havia

_____

VIII. Escreva o máximo de palavras que comecem com:

Preste atenção! Não vale escrever nomes próprios.

C O:
Exemplo: compadres

___
___
___
___

D I:
Exemplo: diabo

___
___
___
___

R I:
Exemplo: rico

___
___
___
___

A R:
Exemplo: artesão

___

___

___

___

T R:
Exemplo: três

___

___

___

___

IX. Leia o conto, encontre e anote em uma folha as cinco "profissões" que ele contém.

X. Explique oralmente cada profissão encontrada.

XI. Faça uma lista de profissões que você conhece:

_____, _____, _____,

_____, _____, _____,

_____, _____, _____,

_____, _____, _____,

_____, _____, _____,

_____, _____, _____,

_____, _____, _____,

_____, _____, _____,

_____, _____, _____,

_____, _____, _____,

_____, _____, _____,

_____, _____, _____,

_____, _____, _____,

_____, _____, _____,

_____, _____, _____,

XII. Dê asas à sua imaginação... Você pode dizer o que quiser!

1) Se um desconhecido bem-vestido, mas com um pé bifurcado como a pata de um bode, chegasse perto de você e lhe prometesse muito dinheiro em troca de um favor, o que você responderia?

_____
_____
_____
_____

2) Se os seus bolsos subitamente se enchessem de dinheiro, o que você gostaria de comprar? Por quê?

_____
_____
_____
_____

3) Se você tivesse de ficar em uma hospedaria durante um mês, onde e como você gostaria que ela fosse? Com quem você gostaria de ficar lá?

_____
_____
_____
_____

4) Sob quais condições você entregaria seu dinheiro aos cuidados do dono de uma hospedaria? Por quê?

_____
_____
_____
_____

5) Você gostou desse conto? Por quê? Justifique em detalhes.

_____
_____
_____
_____
_____
_____
_____
_____
_____
_____
_____

Conto 6: Rosa Branca e Rosa Vermelha

Naquele tempo, uma viúva e suas duas filhas moravam em uma cabana perto da floresta. Em seu jardim a pobre viúva tinha duas belas roseiras e, por isso, deu às suas filhas os respectivos nomes: Rosa Branca e Rosa Vermelha. Ambas as moças eram generosas, obedientes, esforçadas e se entendiam tão bem juntas, que decidiram nunca se separar.

Nas noites de inverno, quando a neve caía leve e silenciosa, a viúva costumava ler histórias em voz alta, enquanto as meninas bordavam e costuravam em volta da lareira. Um dia elas escutaram alguém bater à porta, e a mãe exclamou: "Abram, filhas! Deve ser um viajante que precisa de abrigo para passar a noite".

As moças viram surgir à sua frente um enorme urso preto e, assustadas, esconderam-se. Porém, o inesperado visitante começou a falar e pediu para elas deixarem-no se aquecer ao lado da lareira.

A mãe aquiesceu de bom grado, e as duas jovens acolheram o animal afetuosamente.

O urso passou a voltar lá todas as noites e receber a atenção, o carinho e o jantar que as meninas lhe reservavam.

A primavera então chegou, e a neve derreteu. O urso preto lhes contou que seria obrigado a ausentar para colocar seus tesouros fora do alcance dos malignos anões que moravam na floresta. As moças respeitaram sua decisão e o deixaram partir, mas seus coraçõezinhos ficaram repletos de tristeza. Rosa Branca, muito sensível, sofreu mais do que sua irmã.

Uma manhã as moças foram catar cogumelos na floresta e perceberam uma coisa minúscula se debatendo debaixo do tronco de uma árvore. Ao se aproximarem, elas descobriram que um velho anão, cheio de rugas, havia prendido ali sua comprida barba. Soltando labaredas de raiva pelos olhos, ele vociferou:

"Infelizes criaturas! Vocês vão ficar aí olhando e sem fazer nada? O que estão esperando para me tirarem daqui? Mas ora bolas, vocês são mesmo umas tontas!"

As duas irmãs usaram toda a força que tinham para tirá-lo de lá, mas de nada adiantou. Então, Rosa Branca teve a ideia de cortar a ponta da barba do anão com suas tesourinhas. Liberado, ele reclamou muito a respeito de sua barba branca cortada. Em seguida, daquele buraco no tronco da árvore, retirou um saco cheio de ouro e foi embora.

Dois dias depois, elas reencontraram o velho anão saltitando na beira de um rio. De fato, ele tinha fisgado um grande peixe com sua vara de pescar, mas o animal não parava de se debater para se livrar. A barba do anão se havia emaranhado na linha de pesca, e ele estava tentando manter-se em terra firme.

Rosa Branca, munida de suas tesouras, cortou ainda mais a barba do anão e o soltou. Liberado, ele resmungou: "Cabeças de vento! Como ousam me enfear desse jeito? Que o diabo as carregue!" Ele então tirou da água um saco de pérolas e desapareceu.

Mais tarde, quando as duas moças estavam voltando da cidade, o caminho delas se cruzou, mais uma vez, com o do anão. Ele estava dando gritos de terror, preso nas garras de uma águia. As corajosas moças se penduraram nele até a águia finalmente largá-lo. O grosseiro personagem, mal-humorado porque seu paletó havia sido rasgado durante a manobra das jovens, insultou-as: "Cabeças-duras! Vocês são umas songamongas!" Em seguida ele pegou um saco de pedras preciosas e o escondeu ali perto, dentro de uma pequena gruta.

Naquele instante uma imensa sombra se levantou à sua frente: a sombra de um urso preto mostrando os dentes de modo ameaçador. O anão implorou clemência e lhe ofereceu as duas moças em seu lugar: "Elas são rechonchudas como codornas e apetitosas como cordeiros".

O urso, indiferente às lamentações do anão, esmagou-o com uma única patada.

Rosa Branca e Rosa Vermelha ficaram petrificadas, lívidas de pavor. Porém, uma voz familiar as tirou daquele torpor: "Eu estava com profundas saudades de vocês". Elas reconheceram seu velho amigo, o urso preto, que, diante de seus olhos comovidos, estava perdendo seus pelos e se transformando em um belíssimo príncipe, vestido com roupas douradas.

A derrota do anão o havia libertado do feitiço que o mesmo havia jogado em cima dele. Filho de um poderoso rei, o rapaz pegou de volta os tesouros que lhe haviam sido roubados. No dia seguinte ele pediu à viúva a mão de Rosa

Branca em casamento, e Rosa Vermelha casou-se com seu irmão.

Todos viveram felizes para sempre em seu reino, onde, perto das janelas, a mãe das duas moças plantou inúmeras roseiras vermelhas e brancas.

Atividades

I. Compreensão do texto. Responda oralmente às seguintes perguntas:

1) Qual é o título desse conto de fadas?
2) Qual foi a inspiração da viúva para dar nomes às suas filhas?
3) Quem bateu à porta delas uma noite?
4) Em que estação do ano isso aconteceu?
5) Elas aceitaram acolhê-lo?
6) Por que ele teve que ausentar-se durante um bom tempo?
7) Quando as moças estavam passeando pela floresta, elas viram um velho anão. Onde ele havia prendido sua barba?
8) O que elas fizeram para soltá-lo?
9) Quando elas o encontraram pela segunda vez, onde ele havia emaranhado sua barba?
10) Como ele agradeceu a ajuda de Rosa Branca?
11) Na terceira vez em que elas viram o anão, onde ele estava?
12) O que aconteceu quando ele foi liberado pela terceira vez?
13) O que aconteceu depois da derrota do anão?
14) Como termina o conto?

II. Envolva a palavra URSO toda vez que ela aparecer nas linhas a seguir:

MUNIDADEANÃOTESOURASSOURSOOUSOUPELOCAMINHOUMNO
VELODEIXANDONAMAODOURSOSONHOUMAHUMANOTUMBACA
RADEPAUAINDAMAISQUEOHOMEMERAUMSORRISONINGUÉMURSO
VIUAQUELEURSOUMPERIGORESVALARRESINAURCAURSOURQUISA
ERROTATUTATUPISOMBRASONOSUMIDOURSOURQUIOLAURSENARUMA
PENAPESSEGOPECHEÚLTIMAURSOJORNADAURSAAFOMOSURGIU
NAREDEUMPEIXEGRANDEURSONEGROOUMARRONGIGANTECOMURSO
GUÉMÚTILVIUUMDIAURSOTOTALMENTEBRABOCOMOUMAÚNICA
PACOTEPOCOTOPUMAPECADOURSOPESCOÇOMAUEDELASOMBRANCE

III. Reorganize a seguinte lista de palavras em ordem alfabética:

URSO

CABANA

TESOURO

BENGALA

BRANCA

BARBA

PRETO

ROSA

IV. Tente se lembrar das palavras a partir dos indícios abaixo:

U _ S _

C _ B _ _ A

_ _ _ O U R O

B _ _ _ A L A

B R _ _ C _

B _ _ _ A

P R E _ _

R O _ _

V. Cubra a página e tente se lembrar de algumas dessas palavras só de memória.

VI. Encontre na coluna da direita o sinônimo de cada verbo da coluna da esquerda. Ligue-os com um traço:

Aquiescer	resmungar
Acalmar	descansar
Comover	furtar
Rasgar	liberar
Roubar	habitar
Desaparecer	lacerar
Reclamar	esclarecer
Transformar	evaporar
Repousar	incriminar
Explicar	tranquilizar
Soltar	mudar
Acusar	aprovar
Morar	receber
Acolher	emocionar

VII. Ligue cada frase da esquerda a uma frase da direita, dando-lhes coerência:

Rosa Branca teve a ideia de cortar   uma imensa sombra se levantou à sua frente.

Eu nunca vi moças   inúmeras roseiras.

A mãe das duas moças plantou   que ele devia proteger seu tesouro.

Eu posso lhe oferecer essas duas moças   a barba dele com suas tesourinhas.

Naquele instante,   tão tolas e inúteis.

Porém, na primavera, o urso lhes disse   rechonchudas como codornas.

VIII. Agora é com você: represente com mímica os gestos a seguir (contidos no conto).

Bater à porta

Aquecer-se perto do fogo

Aquiescer com a cabeça

Cortar com tesouras

Catar cogumelos

Fazer carinho

Remexer-se

Ter medo

Ficar surpreso(a)

Mostrar os dentes

Pegar um saco cheio de ouro

Pescar com vara

Plantar roseiras

IX. Divida os 27 elementos abaixo de acordo com a estação do ano:

frio – águas de março – banho de mar – florações – Carnaval – folhas amareladas – chapéu – gorro – biquíni – casaco – Dia das Mães – Festa Junina – blusa de lã – rosas – óculos de sol – dias curtos – Páscoa – margaridas – neblina – Dia das Crianças – colheitas – pólen – geada – frutas – ar seco – férias – borboletas

VERÃO	OUTONO	INVERNO	PRIMAVERA
___	___	___	___
___	___	___	___
___	___	___	___
___	___	___	___
___	___	___	___
___	___	___	___
___	___	___	___
___	___	___	___
___	___	___	___

X. Cubra esta página e tente se lembrar de alguns dos elementos que você dividiu de acordo com as estações.

Conto 7: O diabo e sua avó

Era uma vez uma grande guerra e um rei, muito avaro, que pagava ordenados insignificantes aos seus soldados. Eles não ganhavam o bastante para sobreviver! Foi então que três deles decidiram desertar. Esconderam-se em um campo de trigo e esperaram as tropas seguirem caminho.

Porém, as tropas permaneceram acampadas ali. Dois dias e duas noites mais tarde, mortos de fome, os três soldados escondidos resolveram se render.

Exatamente naquele momento, um dragão cuspindo fogo surgiu, impedindo-os de passarem, e lhes perguntou o que eles estavam fazendo ali.

Os três soldados explicaram a situação e falaram sobre o medo de morrer de fome que os perseguia.

O dragão sugeriu que eles se tornassem seus servos durante sete anos, pois, em troca, ele os deixaria fora do alcance das tropas.

Os soldados não tinham escolha e se resignaram a pôr sua assinatura no grande livro que o dragão lhes estendeu. O dragão então os apanhou com suas enormes garras, levou-os para bem longe dali e deu a cada soldado um chicote mágico. Ao fustigar o chão com aqueles chicotes, eles obteriam todo o ouro que quisessem.

Entretanto, no final do sétimo ano, eles teriam de decifrar um enigma. Se conseguissem resolvê-lo, reconquistariam a liberdade. Senão, suas almas pertenceriam ao dragão. Dito isso, a criatura mágica bateu asas e voou.

Os soldados percorreram mundo afora como nobres cavalheiros: vestidos com requinte, eles viajavam em belas carruagens. Estalando seus chicotes no chão, obtinham ouro em abundância. Ajudaram os pobres e nunca fizeram mal a ninguém. Contudo, o tempo que lhes havia sido dado já estava quase acabando, e os soldados começaram a ficar apavorados.

Uma mulher bem velhinha cruzou o caminho deles e viu suas tristes fisionomias. Então perguntou:

– O que aconteceu com os senhores? Será que eu poderia ajudá-los?

Eles contaram o impasse que haviam encontrado sete anos antes e o pacto feito com o diabo para salvar suas vidas. Agora tinha chegado a hora de lhe entregar suas almas. A única saída seria responder corretamente ao enigma que lhes seria apresentado. A velha senhora mandou que o mais corajoso dos três penetrasse na densa floresta e procurasse uma casinha encravada em uma rocha.

Assim o fez o soldado mais robusto e lá ele reencontrou aquela velha senhora, que era a avó do diabo. Ela disse para ele se esconder, pois o dragão não demoraria a chegar. A velha o faria falar e, assim, o soldado descobriria a solução do enigma.

À meia-noite, o dragão chegou faminto, e sua avó lhe serviu um copioso jantar. Durante a refeição, ela lhe perguntou como havia sido o seu dia e de quantas almas ele se havia apoderado.

O diabo confessou que seu dia havia sido bem fraco, mas que o dia seguinte sem dúvida seria melhor, pois ele possuiria a alma de três soldados. Ele havia preparado um enigma ao qual eles não saberiam responder e que era assim: "No grande Mar do Norte há um polvo morto que será cozido para o jantar deles; em uma costela de baleia seus talheres serão talhados; e um velho casco de cavalo lhes servirá de cálice".

Quando o diabo caiu no sono, a avó mandou o soldado ir embora.

No dia marcado, o diabo veio com o seu livro de assinaturas:

— Senhores, hoje eu pretendo levá-los ao inferno, onde um jantar lhes será oferecido. Livre ficará aquele que souber me dizer que prato será servido!

— No grande Mar do Norte há um polvo morto que constituirá o nosso jantar — respondeu um dos soldados.

O diabo resmungou três vezes, zangado, e continuou:

— Livre ficará aquele que me disser onde serão talhados os seus talheres.

— Nossos talheres serão talhados em uma costela de baleia — redarguiu o segundo soldado.

O corpo do diabo foi ficando cada vez mais vermelho de raiva, e um calor intenso emanava dele. O terceiro soldado emendou sem esperar:

— Nossos cálices serão feitos com um velho casco de cavalo.

O diabo havia perdido seu poder sobre os soldados e furioso partiu para o inferno.

Os três puderam ficar com seus chicotes, graças aos quais nada lhes faltou e eles viveram felizes para sempre.

Atividades

I. Compreensão do texto. Responda oralmente às seguintes perguntas:

1) Qual é o título desse conto?

2) Quantos personagens há nesse conto? Quem são eles?

3) Por que os três soldados se esconderam no campo de trigo?

4) Quem então surgiu diante deles? E o que ele sugeriu aos três soldados?

5) O que os três soldados deviam fazer para obter ouro?

6) Quem eles encontraram sete anos depois?

7) O que um dos soldados fez para descobrir o enigma do diabo?

8) Você se lembra do enigma?

9) Como foi o encontro deles com o diabo?

10) Os soldados se casam no final do conto?

11) Qual é o final da história?

II. Marque com um "X" a(s) definição(ões) das palavras a seguir. Se não encontrar a(s) resposta(s), você pode consultar um dicionário.

1) Emendar:

( ) Frase ou sequência de frases ritmadas sem respirar.
( ) Corrigir.
( ) Acrescentar, tornar mais comprido.

2) Perseguir:

( ) Importunar.
( ) Explodir.
( ) Ir no encalço de alguém, seguir de perto.

3) Enigma:

( ) Coisa distinta que permite concluir a verdade.
( ) Mamífero carnívoro menor do que o gambá.
( ) Coisa a ser adivinhada a partir de uma definição obscura.

4) Copioso:

( ) Porção alimentícia.
( ) Que se encontra no estado de simples possibilidade.
( ) Generoso.

5) Casco:

( ) Diminutivo de cascalho, pedra britada.
( ) Invólucro de embarcações.
( ) Nojo, aversão, repugnância a alguma coisa.

6) Estalar:

( ) Produzir um ruído seco com a língua, descolando-a bruscamente do palato.
( ) Produzir um barulho seco e sonoro; estourar.
( ) Colocar um aparelho para funcionar.

7) Robusto:

( ) Vigoroso.
( ) Bastãozinho de grafite.
( ) Sólido.

8) Ordenado:

( ) Soldo, remuneração paga aos militares e a certos funcionários públicos assimilados.
( ) Arrumado, organizado, metódico.
( ) Leite tirado da vaca durante a ordenha.

III. Invente rimas para cada frase a seguir:

1) Ela disse para ele se esconder...

_____

_____

2) O diabo resmungou três vezes, zangado.

_____

_____

3) O dragão então os apanhou com suas enormes garras.

_____

_____

4) [...] Um dragão cuspindo fogo surgiu.

_____

_____

5) Onde um jantar lhes será oferecido.

_____

_____

IV. Coloque as palavras na ordem certa para formar frases:

1) faria – descobriria – velha – do – A – o – a – assim – falar – e – enigma – solução

2) em – trigo – Eles – um – se – campo – esconderam – de

3) era – menos – O – não – diabo – ninguém – que – dragão – do – o

4) inferno – Eu – levá-los – pretendo – ao

5) felizes – sempre – Eles – para – viveram

6) vocês – penetrar – Um – deverá – de – floresta – na

V. Dê asas à sua imaginação:

1) Se você fosse soldado de um rei e o seu soldo fosse magro demais, o que você faria?
_____
_____
_____

2) Descreva um dragão.
_____
_____
_____

3) Qual a sua opinião sobre a avó do diabo?
_____
_____
_____

4) Se você encontrasse um dos chicotes mágicos que permitem obter ouro, o que você gostaria de fazer com tanta riqueza?
_____
_____
_____

VI. Encontre o único caminho que leva o soldado ao seu chicote:

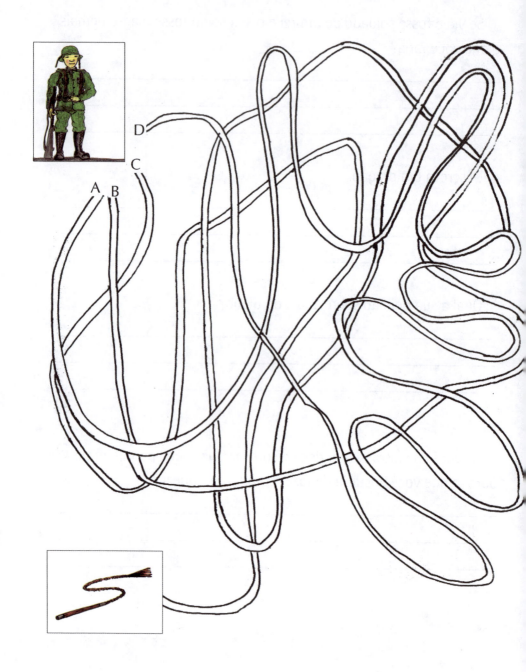

VII. Envolva somente as imagens que representem elementos ou personagens do conto:

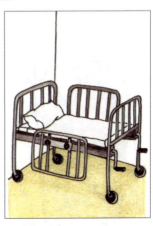

Continua na página seguinte.

VIII. Complete as palavras usando os grupos de letras dados:

Lista: RVO – DAR – EIA – HER – OSO – STO

COPI _ _ _

BAL _ _ _

SE _ _ _

ROBU _ _ _

COL _ _ _

EMEN _ _ _

Lista: PER – RES – ASS – SOL – IMP – ABU

_ _ _ DADO

_ _ _ MUNGAR

_ _ _ NDÂNCIA

_ _ _ CORRER

_ _ _ ASSE

_ _ _ INATURA

IX. Encontre as 10 palavras que se escondem nesse caça-palavras (veja a lista abaixo).

Preste atenção, pois as palavras podem estar na vertical, horizontal ou transversal, da esquerda para a direita ou ao contrário.

F	E	S	T	I	V	A	C	H	U	F	O	S	S	I	P
G	F	Y	T	N	A	F	E	S	S	L	B	H	Q	U	O
U	N	I	M	A	D	N	U	C	R	O	C	A	M	X	I
E	R	U	E	V	I	M	A	I	Z	R	D	O	C	É	H
R	U	A	G	Ó	A	T	R	U	Q	E	I	E	L	O	H
R	E	C	A	N	B	V	Ã	W	I	S	O	X	U	Ã	E
A	S	I	A	U	O	H	R	U	E	T	R	I	N	G	K
Ó	V	R	O	M	E	Z	A	R	B	A	L	E	I	A	I
R	I	S	C	F	P	Á	Í	J	O	Ã	B	P	V	R	W
A	G	E	D	I	E	O	D	U	S	O	L	D	A	D	O

GUERRA
CORCUNDA
FLORESTA
AVÓ
DIABO
DRAGÃO
CAMPO
SOLDADO
BALEIA
PEIXE

Conto 8: Os presentes do povo miúdo

Dois bons amigos, um alfaiate e um ferreiro, percorriam o mundo juntos. Uma bela tarde, quando o sol já estava começando a desaparecer, eles escutaram ao longe uma melodiosa música. Curiosos, os amigos correram em sua direção, chegando ao alto de uma colina. Dali podiam ver uma multidão de pessoas miúdas dançando, saltitando de mãos dadas e fazendo uma roda. Um velhinho, que tinha uma longa barba branca e vestia um traje bordado de ouro e pedras preciosas, estava no centro do grupo e fez sinal para eles se aproximarem. O ferreiro, que era corcunda e, como todo corcunda, especialmente intrépido e ousado, aceitou no mesmo instante aquele convite. O alfaiate, que era extremamente tímido, primeiro hesitou, mas acabou unindo-se aos demais. A roda se fechou em torno deles, e os minúsculos dançarinos caíram fervorosamente na farra.

De repente, o velhinho empunhou um facão que estava pendurado em sua cintura e, agarrando o ferreiro pelo pescoço, raspou inteiramente seus cabelos e sua barba. O alfaiate teve direito ao mesmo privilégio! Os dois homens, um pouco atordoados, ficaram trêmulos. O velhinho então atribuiu uma pilha de carvão a cada um, indicando-lhes com gestos que eles deviam encher seus bolsos. Os dois amigos obedeceram imediatamente e deram no pé tão logo foi possível.

Chegando ao vale, eles escutaram o sino de um monastério dando as doze badaladas da meia-noite. Eles olharam em direção à colina e viram que tudo desaparecera: não havia mais homenzinhos minúsculos, nem música, nem mais nada.

Eles finalmente encontraram uma hospedaria e, cansados, deitaram-se e dormiram com a roupa do corpo. Ao acordarem, sentiram um peso extraordinário em suas calças e se lembraram da noite anterior. Mas qual não foi sua surpresa quando, enfiando as mãos nos bolsos, eles descobriram lingotes de ouro puro no lugar do carvão. Seus cabelos e suas barbas estavam exatamente como antes, e eles se tinham tornado riquíssimos!

O ganancioso ferreiro possuía uma quantidade de ouro bem superior à do alfaiate, mas queria ainda mais. Ele lamentava não ter enchido também o seu chapéu de carvão. Por isso, sugeriu ao seu amigo que eles voltassem à colina para reencontrar o povo miúdo. O alfaiate não tinha a menor vontade de repetir a experiência. Ele possuía dinheiro bastante suficiente para viver feliz com sua noiva. Assim, ficaria esperando seu amigo na hospedaria.

Ao cair da noite, o ferreiro pegou a estrada carregando dois grandes sacos. Tudo aconteceu da mesma forma que na noite anterior: ele dançou e cantou com as criaturinhas e permitiu que o velhinho raspasse sua barba e cabelo e lhe oferecesse carvão. Ele encheu seus bolsos, chapéu e sacos e voltou alegremente à hospedaria, deitando-se com a roupa do corpo. Sonhou que iria acordar rico e viver como um marajá.

No dia seguinte, bem cedo, ele colocou as mãos nos bolsos: eles ainda estavam cheinhos de carvão. Pensando que estava tendo um pesadelo, correu para ver se todo o ouro que ganhara na primeira noite ainda estava por ali: tudo voltara a ser carvão. Em desespero, ele levou a mão à boca para conter um berro e, então, percebeu que sua barba desaparecera e que ele estava careca. Pior ainda: descobriu que uma segunda corcunda nascera junto àquela que ele já carregava nas costas.

Ele entendeu que aquilo tudo era um castigo por sua prodigiosa ambição.

Porém, seu bom amigo, o alfaiate, acalmou-o. Ele dividiu com o ferreiro o ouro que possuía e o acolheu sob seu teto.

No entanto, as duas corcundas continuaram lá, lembrando-lhe que ele devia tornar-se uma pessoa melhor.

Atividades

I. Compreensão do texto. Responda oralmente às seguintes perguntas:

1) Qual é o título desse conto de fadas?

2) Um alfaiate e um ferreiro estavam viajando juntos. Por que eles se desviaram de seu caminho?

3) O que eles viram?

4) O que o velhinho fez?

5) O que aconteceu na manhã seguinte?

6) O que o ferreiro queria fazer?

7) O alfaiate o acompanhou?

8) O que aconteceu então com o ferreiro?

9) Como termina esse conto?

II. Marque com um "X" o(s) significado(s) das palavras a seguir. Se não encontrar a(s) resposta(s), você pode consultar um dicionário.

1) Intrépido:

   ( ) Bronzeado.
   ( ) Impávido.
   ( ) Determinado.
   ( ) Imaginativo.

2) Ferreiro:

   ( ) Aquele que marca o gado com ferro em brasa.
   ( ) Aquele que fabrica e conserta relógios.
   ( ) Furibundo.
   ( ) Aquele que modela grandes peças de ferro em uma forja.

3) Atordoado:

   ( ) Atormentado.
   ( ) Atabalhoado.
   ( ) Estonteado.
   ( ) Mau.

4) Melodiosa:

   ( ) Melosa.
   ( ) Esfolada.
   ( ) Melancólica.
   ( ) Harmoniosa.

5) Ganância:

( ) Cobiça.
( ) Família de plantas do tipo da cana-da-índia.
( ) Ato ou efeito de gabar, fazer grandes elogios, exaltar.
( ) Apogeu.

6) Curioso:

( ) Estranho.
( ) Desejoso de saber.
( ) Pertencente a uma sociedade.
( ) Liberado.

7) Prodigioso:

( ) Superabundante.
( ) Monumental.
( ) Espantoso.
( ) Proeminente.

III. Escreva o máximo de palavras que comecem com:

A L:
Exemplo: alfaiate

P A:
Exemplo: palavra

F E:
Exemplo: ferreiro

M U:
Exemplo: música

B A:
Exemplo: barba

IV. Coloque as frases abaixo em ordem cronológica, numerando os parênteses de 1 a 5 (do acontecimento mais antigo ao mais recente):

( ) Eles viram que os bolsos estavam cheios não de carvão, mas sim de lingotes de ouro puro.

( ) No meio se encontrava um velhinho com uma longa barba branca.

( ) Eles chegaram a uma colina, de onde podiam ver uma multidão de pessoas miúdas dançando e saltitando em uma roda.

( ) Ele atribuiu uma pilha de carvão a cada um, indicando-lhes com gestos que eles deviam encher seus bolsos.

( ) Um alfaiate e um ferreiro viajavam juntos.

V. Complete o texto com as palavras dadas no pé da página.

Preste atenção! Cada palavra deve ser utilizada uma única vez.

Ao _____ da noite, o ferreiro pegou a _____ carregando dois grandes _____. Tudo aconteceu da _____ forma que na noite _____: ele dançou e _____ com as _____ e permitiu que o _____ raspasse sua barba e cabelo e lhe oferecesse _____. Ele encheu seus bolsos, _____ e sacos e voltou _____ à hospedaria, _____-se com a roupa do corpo. _____ que iria acordar rico e viver como um _____.

No dia _____, bem cedo, ele colocou as mãos nos bolsos: eles _____ estavam _____ de carvão.

mesma	cheinhos
alegremente	velhinho
marajá	estrada
cantou	cair
ainda	criaturinhas
sonhou	anterior
chapéu	carvão
seguinte	sacos
	deitando

VI. No conto, aparece a expressão "viver como um marajá":

O que isso quer dizer? De onde vem essa expressão? (Você pode consultar um dicionário se não souber a resposta.)

_____
_____
_____
_____
_____
_____
_____
_____

VII. Complete e explique o significado das expressões a seguir:

1) Chutar o _____
_____

2) Tirar de _____
_____

3) Ficar olhando para o próprio _____
_____

4) No dia de São _____
_____

5) Estar vestido nos _____
_____

6) Cutucar a onça _____
_____

7) Entrar pelo _____
_____

8) Matar a cobra e _____
_____

VIII. Encontre as duas palavras misturadas contidas em cada linha:

1)   MU   TRO   AS   LHER

2)   CA   BA   BRAN   BAR

3)   RO   OU   LHA   PA

4)   LHO   VE   DA   RO

5)   BE   CA   CAL   LO   VO

6)   RO   CAR   FER   VÃO   REI

7)   DO   VI   SOS   Á   BOL

8)   CUN   TAS   COR   COS   DA

IX. Releia o final do conto "os presentes do povo miúdo":

[...] Ele entendeu que aquilo tudo era um castigo por sua prodigiosa ambição.
Porém, seu bom amigo, o alfaiate, acalmou-o. Ele dividiu com o ferreiro o ouro que possuía e o acolheu sob seu teto.
No entanto, as duas corcundas continuaram lá, lembrando-lhe que ele devia tornar-se uma pessoa melhor.

Agora é com você: invente um final diferente. Acima de tudo, dê asas à sua imaginação!

_____
_____
_____
_____
_____
_____
_____
_____
_____
_____

Conto 9: Os músicos de Bremen

Durante anos, um burro havia trabalhado fielmente em um moinho. O avanço da idade o deixou menos apto à sua tarefa, e o moleiro decidiu parar de alimentá-lo e esperar que ele morresse. O burro percebeu o estratagema de seu dono e fugiu. Ele tomou a direção da cidade de Bremen, onde pretendia iniciar uma carreira de músico.

No caminho viu um miserável cão de caça deitado no meio da estrada. O burro lançou-lhe um olhar interrogativo e o cão lhe contou que, com a chegada da idade, havia perdido seu faro e não conseguia mais caçar nenhuma presa. Seu dono o havia então abandonado, e ele não sabia o que fazer para ganhar o pão de cada dia.

O burro lhe expôs seu projeto e o incitou a se tornar músico. O burro tocaria alaúde, e o cão, tambor.

O cão se animou com a ideia, e eles passaram a caminhar juntos. Não longe dali encontraram um gato muito triste. O burro lhe perguntou o que havia de errado. O gato respondeu que já estava velho e surrado, e que não tinha mais forças para correr atrás de ratos. Por essa razão sua dona havia tentado sufocá-lo, mas ele havia conseguido escapar.

No mesmo instante, o burro o convidou a acompanhá-los.

Algumas horas mais tarde os três amigos escutaram um galo que, empoleirado em cima do galinheiro, bradava incansavelmente. O burro lhe perguntou por que ele estava esganiçando-se daquele jeito, e ele respondeu que a dona da fazenda queria cortar o seu pescoço e cozinhá-lo para as visitas do dia seguinte.

O burro ficou entusiasmado com a voz aguda do galo e insistiu para ele se unir à banda. Juntos eles formariam um belo quarteto de músicos.

Eles seguiram caminho. Ao cair da noite, o galo voou até o topo de uma árvore e espreitou o horizonte. Viu ao longe uma luzinha e convenceu seus companheiros a continuarem naquela direção.

Acabaram chegando àquele lugar: uma casinha charmosa que servia de esconderijo a um bando de ladrões.

O burro passou a cabeça pela janela e olhou o que havia lá dentro: os ladrões estavam festejando alegremente. Sobre a mesa estava um jantar copioso e fumegante, cujo cheirinho atiçou os estômagos famintos dos quatro amigos.

Eles decidiram então botar os ladrões para correr. Subiram uns nas costas dos outros, fazendo uma pirâmide, e entoaram uma canção macabra: o burro zurrava, o cão latia, o gato miava, e o galo cantava até estremecer as vidraças. Apavorados, os ladrões acharam que a casa era mal-assombrada e fugiram floresta adentro. Os quatro futuros músicos sentaram-se à mesa e comeram jovialmente.

No final do banquete eles se acomodaram para dormir. O burro deitou-se em cima do palheiro, o cão, atrás da porta, o gato, junto às cinzas ainda quentes da lareira, e o galo, no galinheiro.

Os ladrões, que haviam ficado espiando de longe, tiveram a impressão de que a casa estava novamente bem silenciosa e decidiram enviar um comparsa para revistar aquelas paragens.

O explorador entrou na casa e confundiu os brilhantes olhos do gato com brasas. Ele se aproximou um pouco e tentou acendê-los com um fósforo. O gato pulou em cima dele, sibilando e arranhando. Em pânico, o ladrão correu para a porta dos fundos. O cão, que estava deitado ali, mordeu suas pernas. Desconcertado, ele saiu no quintal e passou pelo palheiro, onde o burro lhe deu um violento coice. Enquanto isso, o galo, com sua voz aguda, contribuía para assustá-lo.

De volta à floresta, o ladrão contou ao resto do bando que a casa era ocupada por uma pérfida bruxa, que o tinha arranhado com suas longas unhas. Disse também ter sido ferido nas pernas por um homem que vigiava a porta armado com uma faca e esbofeteado selvagemente por um monstro negro que ficava no quintal. E ainda acrescentou que tinha escutado a voz aguda de um juiz ordenando sua prisão.

Os ladrões partiram então em busca de um esconderijo melhor.

A cidade de Bremen nunca viu chegarem os quatro músicos. Porém, nos arredores daquela casinha aconchegante, ainda é possível escutar as lindas melodias entoadas pelos quatro companheiros.

Atividades

I. Compreensão do texto. Responda oralmente às seguintes perguntas:

1) Qual é o título da história?
2) Para quem o burro trabalhava?
3) Por que ele fugiu?
4) Aonde ele queria ir?
5) Quem o burro encontrou primeiro?
6) Por que o dono do cão o havia abandonado?
7) O burro e o cão encontraram um outro animal na estrada. Qual foi?
8) De que ele se queixou?
9) Quem foi o último animal a entrar na banda e por quê?
10) Como eles conseguiram enxergar uma luzinha ao longe?
11) O que eles encontraram lá?
12) O que eles fizeram para expulsar os ladrões?
13) Como os ladrões reagiram?
14) Como os animais se acomodaram para dormir?
15) O que aconteceu quando um dos ladrões foi revistar a casa, com a intenção de voltar a ocupá-la?
16) O que o explorador disse aos seus comparsas?
17) Os quatro companheiros de viagem conseguiram chegar a Bremen?

II. Ligue cada palavra ao seu sinônimo com um traço:

INAPTO	TOPO
INICIAR	MORRER
DECLINAR	LÚGUBRE
FORÇA	TERROR
CUME	CONVENCER
RITMO	MALICIOSA
FALECER	INCAPAZ
ESCONDERIJO	SUFOCAR
MACABRO	VIGOR
PERSUADIR	DESCOBRIDOR
ASFIXIAR	RECUSAR
PÉRFIDA	EXAMINAR
PÂNICO	REFÚGIO
REVISTAR	COMEÇAR
EXPLORADOR	CADÊNCIA

III. Envolva os nomes dos animais que aparecem nesse conto de fadas:

Burro

Galo

Vaca

Porco

Gato

Pato

Cão

IV. Ligue cada animal ao som que ele produz:

O burro	canta
O cão	grunhe
O galo	pia
O gato	silva
A vaca	coaxa
O porco	late
O pato	muge
O carneiro	mia
O pintinho	relincha
A cobra	bale
O cavalo	zurra
O sapo	grasna

V. Em cada linha, ligue as duas palavras da lista da direita que correspondem à palavra em letras maiúsculas da esquerda:

1) MÚSICO: alaúde – cerâmica – tambor – tela – pincel

2) ACENDER: frio – fósforos – água – brasa – bebida

3) ROSTO: perna – quadril – nariz – sobrancelhas – cotovelo

4) LAREIRA: música – lenha – corpete – bebida – carvão

5) LADRÃO: malfeitor – fada – rei – bandido – mendigo

6) GATO: penas – ovos – pelagem – ronronar – crina

7) CÃO: garganta – rabo – bico – latir – ruminar

8) PÃO: melão – farinha – cogumelo – fermento – cebolinha

VI. Complete o seguinte trecho do texto com as palavras certas. Utilize as palavras da lista que se encontra no pé da página.

Preste atenção! Cada palavra deve ser utilizada uma única vez.

O burro lhe expôs seu _____ e o incitou a se tornar _____.
O burro tocaria alaúde, e o cão, _____.
O cão se animou com a ideia, e eles passaram a _____ juntos.
Não longe dali, encontraram um gato muito _____. O burro lhe _____ o que havia de errado. O gato respondeu que já estava velho e _____ e que não tinha mais _____ para correr atrás de _____. Por essa razão, sua _____ havia tentado sufocá-lo, mas ele havia conseguido _____.
No mesmo instante, o burro o _____ a acompanhá-los.
Algumas _____ mais tarde, os três amigos _____ um galo.

surrado   projeto
horas   triste
dona   convidou
caminhar   perguntou
escutaram   músico
ratos   forças
escapar   tambor

VII. Ligue cada frase da esquerda a uma frase da direita, dando-lhes coerência:

Eles pensaram que um fantasma   luzinha ao longe.

O ladrão fugiu   deitado no meio da estrada.

O burro tocaria alaúde,   chegaram a uma fazenda.

Ele viu brilhar uma   o mais rápido que pôde.

Ele estava ficando cada vez   menos apto ao trabalho.

O burro viu um miserável cão   e o cão, tambor.

Os três companheiros   estava entrando na sala.

VIII. Complete as palavras cruzadas:

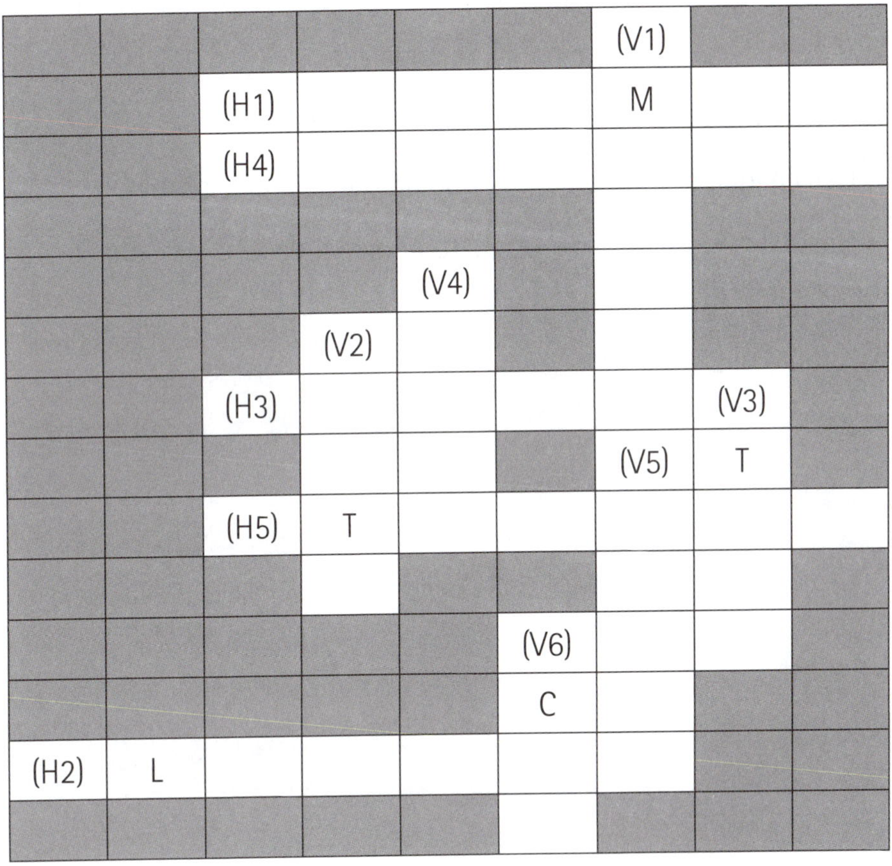

Horizontal:

1) Em que cidade os animais queriam se tornar músicos?

2) Um l _ _ _ _ _ do bando foi revistar a casa.

3) Ele está sempre querendo "cantar de _ _ _ _" aqui, pois gosta de ser chefe e mandar em todos.

4) O burro pretendia se tornar músico e tocar a _ _ _ _ _.

5) O burro sugeriu que o cão tocasse t _ _ _ _ _.

Vertical:

1) O burro sonhava em se tornar m _ _ _ _ _.

2) _ _ _ _ escaldado tem medo de água fria.

3) O galo voou até o t _ _ _ de uma árvore bem alta.

4) Eles chegaram a uma c _ _ _ que pertencia a uns ladrões.

5) Nesse conto quem foi o primeiro animal a pegar a estrada para se tornar músico?

6) "Cuidado! _ _ _ bravo!"

IX. Nesse conto, os quatro amigos nunca chegaram a Bremen. Eles encontraram refúgio em uma casa abandonada e acabaram ficando por lá.
E se eles tivessem chegado a Bremen e virado músicos?
Coloque a sua imaginação para funcionar!

_____
_____
_____
_____
_____
_____
_____
_____
_____
_____
_____
_____
_____
_____
_____
_____
_____
_____
_____
_____

Conto 10: O ganso de ouro

Um lenhador tinha três filhos. Os dois mais velhos ajudavam o pai, e o terceiro, um pouco simplório, era a chacota do vilarejo.

Um dia, a caminho do trabalho, o mais velho parou diante de um velho anãozinho que lhe pediu comida. Em sua cesta ele levava uma garrafa de vinho e uma omelete preparada por sua mãe, a qual não tinha a menor vontade de dividir com ninguém. Ele recusou e seguiu rumo ao trabalho. Chegando lá, abriu seu saco e tirou o machado, que escorregou de suas mãos e feriu profundamente seu braço.

Ele voltou para casa, e o irmão do meio foi trabalhar em seu lugar. Este último não demorou a encontrar na floresta aquele mesmo anãozinho, que lhe suplicou um bocado do almoço que ele levava na marmita. Assim como seu irmão, ele foi punido por seu egoísmo: o machado caiu desastrosamente em cima de seu pé, causando uma dor tão forte que o impediu de continuar.

O caçula do lenhador quis substituir seus dois irmãos e tomou a direção da floresta, sob o olhar incrédulo de seu pai.

Quando o velho anão foi implorar por um pouco de comida, o rapaz tirou de seu saco e dividiu com ele um pão doce e a cerveja amarga que sua mãe lhe havia dado.

Para recompensá-lo, o anão apontou para uma velha árvore e ordenou que o jovem a derrubasse. O simplório rapaz, acostumado a obedecer, cortou-a ao meio e encontrou, entre as raízes, um ganso com plumas de ouro.

O ingênuo rapaz pegou o presente e foi dormir em uma hospedaria. As três ambiciosas filhas do hospedeiro logo tentaram tocar na ave para apanhar algumas plumas. Porém, nenhuma delas conseguiu se desprender e, com os dedos colados no ganso, elas foram obrigadas, no dia seguinte, a seguir o rapaz aonde ele fosse. Na cidade, o padre, espantado com aquelas moças correndo atrás de um rapaz, tentou desprendê-las e, por sua vez, também ficou preso.

Em seguida, foi a vez do sacristão. Mais adiante, dois camponeses, cuja ajuda eles haviam pedido, acabaram na mesma situação: ninguém conseguia se desprender, e o cortejo estava ficando cada vez maior. Eles chegaram então a uma cidade onde o rei, preocupado com a tristeza de sua filha, havia prometido sua mão àquele que a fizesse rir.

Quando o rapaz, preso a todos os outros, passou diante da janela da princesa, a mesma caiu na gargalhada, e ninguém conseguia fazê-la parar de rir. O rapaz, que era simplório, mas dotado de sensibilidade, pediu a princesa em casamento.

Não convencido dos benefícios de tal união para sua filha, o rei lançou outros desafios ao jovem.

Primeiro, o monarca impôs uma condição ao casamento: que o pretendente trouxesse, no dia seguinte, alguém capaz de beber todo o vinho de sua adega. O simplório rapaz decidiu pedir ajuda ao velho anão, que confessou estar com muita sede e precisando urgentemente beber alguma coisa. O rei ficou impressionado com aquele pequeno personagem, que esvaziou todas as suas garrafas em menos de um dia. Porém, ele ainda não queria se resignar ao casamento e, por isso, mandou que o jovem lhe apresentasse aquele que seria capaz de comer todos os pães contidos em seu celeiro. O pobre rapaz voltou à floresta para buscar o anão, mas, em seu lugar, viu um homenzinho magro reclamando de fome, ao qual ele ofereceu os pães do rei. Em menos de doze horas, todo aquele pão estava na barriga da voraz criaturinha.

Tenaz, o rei impôs uma terceira condição à celebração das bodas: o pretendente devia trazer um navio capaz de navegar na terra e no mar. Mais uma vez, o jovem penetrou na floresta e encontrou não o velho anão, mas sim um imponente navio com rodas. Ele atravessou terras e mares, chegando ao palácio. Do alto de sua embarcação, gritou o nome da princesa. Em seguida, aproximou-se dela e depositou aos seus pés o ganso de ouro como presente de casamento.

Os esforços do rapaz despertaram a simpatia do rei, e as bodas foram então celebradas. Ao lado daquele marido simplório e generoso, a princesa enfim tornou-se uma pessoa extremamente alegre.

Atividades

I. Escute ou releia alguns trechos do conto, buscando ter uma ideia melhor da personalidade dos personagens, e descreva-os:

1) O que você acha dos irmãos mais velhos do rapaz?
_____
_____

2) Como você descreveria a personalidade do rapaz?
_____
_____

3) Como você definiria a filha do rei?
_____
_____

4) O que você acha do rei?
_____
_____

5) Como você imagina o velho anão?
_____
_____

II. Compreensão do texto. Responda oralmente às seguintes perguntas:

1) Qual é o título do conto?

2) Quantos irmãos tem o rapaz e o que eles fazem na vida?

3) Por que os dois irmãos do rapaz foram feridos por um machado?

4) Como o rapaz atendeu ao pedido do velho anão?

5) O que o velho anão fez para lhe agradecer?

6) O rapaz foi dormir em uma hospedaria: o que aconteceu enquanto ele dormia?

7) Por que a filha do rei, que estava sempre triste, de repente caiu na gargalhada?

8) Que desafio o rei lançou ao rapaz para não lhe dar a filha em casamento?

9) Qual foi o segundo desafio?

10) Qual foi a terceira condição que o rei impôs à celebração do casamento de sua filha?

11) Quem ajudou o rapaz a realizar aqueles testes com sucesso?

12) No final do conto, como o rei passou a enxergar o rapaz?

III. Ligue com um traço as duas partes das frases (começando na esquerda e terminando na direita):

Na manhã seguinte, — queriam roubar uma pluma de ouro.

O filho mais velho levava em sua cesta — o presente e foi dormir em uma hospedaria.

A princesa caiu na gargalhada, — uma pessoa extremamente alegre.

A princesa tornou-se — barriga da voraz criatura.

O ingênuo rapaz pegou — seu irmão foi trabalhar em seu lugar.

Todo aquele pão estava na — desastrosamente em cima de seu pé.

As três ambiciosas moças — uma omelete e uma garrafa de vinho.

O machado caiu — e ninguém conseguia fazê-la parar de rir.

IV. Complete o texto com as palavras dadas no pé da página.

Preste atenção! Cada palavra deve ser utilizada uma única vez.

Primeiro, o _____ impôs uma condição ao _____: que o pretendente _____, no dia seguinte, alguém _____ de beber todo o vinho de sua _____. O simplório rapaz decidiu pedir _____ ao velho _____, que confessou estar com muita _____ e _____ urgentemente beber alguma coisa. O rei ficou _____ com aquele pequeno personagem, que esvaziou _____ as suas garrafas em menos de um _____. Porém, ele ainda não queria se _____ ao casamento e, por isso, _____ que o jovem lhe apresentasse aquele que seria capaz de _____ todos os pães _____ em seu celeiro.

impressionado   contidos
sede   ajuda
adega   capaz
comer   precisando
todas   resignar
anão   trouxesse
mandou   casamento
dia   monarca

V. Classifique as palavras a seguir em três categorias, dando um título a cada uma delas:

filha – espiar – rei – ferir – cair – estranho – anão – acabar – convencer – grande – homem – derrubar – rapaz – lançar – simplório – acreditar – marido – bom – surgir – pai – incapaz – irmãos – pequeno – padre – magro – amarga – belo – colocar – enorme – irmã

VI. Coloque as seguintes palavras em ordem alfabética:

satisfeita

felicidade

permanecer

sempre

coração

outros

diferente

cerveja

amarga

almoçaremos

juntos

refeição

carvalho

derrubado

primeira

vez

VII. Envolva a palavra REI toda vez que ela aparecer nas linhas a seguir:

CONTECIMENTOSRUINSQUENOSSAVIDAREMAVANADAVATODASASASAS
REVISTASRELATIVASIMAGENSIRONIREIRODAVAREALREIRUGASRESPONSÁ
VEISDAQUELAGAROTATÃOPEQUENAEJOVEMQUENINGUÉMRIAREIREMA
VASEMELANAQUELEPAÍSRICOREIRUGASDIAMANTERELATIVOAELAIAASSI
MTÃOSIMPLESRISONHAREICATEGORIADISSUADIRDESSERECADORELATI
VOREIDEDADACIDADANIARICAREICOMELEESTAVAMTODOSOSOUTROSREI
DEESPADAEDEREIRISCOARSICADOEREIDEUMARICAREIQUEIRIAREIDESER
NOSSARODAREIREZARREFEDAQUELAGAROTATÃOPEQUENAEJOVEMQUE

VIII. Escreva o máximo de palavras que comecem com:

T O
Exemplo: torre

_____
_____

D E
Exemplo: dedos

_____
_____

C A
Exemplo: caçula

_____
_____

M A
Exemplo: manhã

_____
_____

B R
Exemplo: braço

_____
_____

IX. Dê uma continuação à história, imaginando uma reviravolta na situação:

Os esforços do rapaz despertaram a simpatia do rei, e as bodas foram então celebradas. Ao lado daquele marido simplório e generoso, a princesa enfim tornou-se uma pessoa extremamente alegre...

7

Resolução dos exercícios

Conto 1: Rumpelstiltskin

I. Compreensão da leitura. Responda oralmente às seguintes perguntas:

1) Rumpelstiltskin.

2) De um moleiro.

3) Ele exaltou as qualidades de sua filha e afirmou que ela sabia fiar palha, convertendo-a em ouro.

4) Ele decidiu pô-la à prova, conduzindo-a a uma sala onde havia palha até o teto e uma roda de tear. Ela devia transformar aquela palha em ouro antes da aurora, sob pena de morte.

5) Um pequenino duende entrou na sala e lhe propôs transformar a palha em ouro, contanto que houvesse uma recompensa.

6) A moça lhe deu o seu único colar.

7) Ela lhe ofereceu o seu único anel.

8) Ele queria que a moça lhe entregasse o seu primeiro filho.

9) O rei.

10) Sim, um menino.

11) Ele lhe deu três dias para ela adivinhar o seu nome, que era difícil. Se ela não conseguisse, ele pegaria o bebê.

12) Os mensageiros da rainha viram um duende dançando e cantando na entrada de uma gruta no fundo da floresta. E ele disse como se chamava: Rumpelstiltskin. Então, quando soube que a rainha havia descoberto o seu nome, ele ficou com raiva e se despedaçou ao meio.

II. **Complete as frases, dando-lhes novamente o sentido da história:**

1) menino (ou então filho, bebê); 2) pagar (ou quitar); 3) prantos / duende; 4) moça (ou jovem); 5) sala; 6) transformar; 7) chorar; 8) duende; 9) mais; 10) mandachuva (ou chefe, ou dono) / nome; 11) anel / fiar.

III. **Separe as palavras a seguir em duas categorias, de acordo com o seu gênero, e coloque-as em ordem alfabética:**

Palavras femininas	Palavras masculinas
sala	coração
moça	nascimento
ideia	menino
louca	dia
noite	duende
palha	quarto
manhã	mensageiro
solução	nome
tarefa	país

IV. Risque o intruso em cada grupo de palavras e indique a razão da sua escolha:

1) dedo (é um substantivo, e não um adjetivo)
2) moleiro (é um substantivo, e não um verbo)
3) anel (não designa um personagem da história)
4) duende (não é um animal)

V. Envolva a palavra "foi" toda vez que ela aparecer nas linhas a seguir:

        Primeira linha: 3
        Segunda linha: 3
        Terceira linha: 4
        Quarta linha: 3
        Quinta linha: 1
        Sexta linha: 2

VI. Complete as palavras a seguir acrescentando as letras que estão faltando:

Dançar – Empurrar – Gruta – Rainha – Duende – Amanhã – Mensageiro – Descobertas – Transformar – Controlar – Travesso – Escapar – História – Amanhã

IX. Risque as imagens que você não tiver visto na página anterior:

a casa amarela, o caçador e o rato.

Conto 2: O fuso, a lançadeira e a agulha

I. Compreensão do texto. Responda oralmente às seguintes perguntas:

1) O fuso, a lançadeira e a agulha.
2) Os Irmãos Grimm.
3) Uma bondosa e velha madrinha.
4) Ela faleceu quando a moça tinha 15 anos.
5) Ela deixou para a moça sua cabana, além de seu fuso, lançadeira e agulha, os quais lhe seriam úteis para ganhar o pão de cada dia.
6) O filho do rei estava viajando pelo país a fim de encontrar uma esposa. Ele não podia escolher uma pobre, mas também não queria uma rica. Por isso ele dizia que pretendia escolher aquela que seria ao mesmo tempo a mais rica e a mais pobre.
7) A moça ficou trancada em seu quarto. Sentada na frente de sua roda de tear, ela fiava com ardor. Entreviu furtivamente o príncipe, ficou toda rubra e continuou trabalhando.
8) Ela se lembrou muito de sua velha madrinha e repetiu o refrão que ela frequentemente a havia escutado cantar. Assim, seu fuso se precipitou para fora, deixando atrás de si um rastro de ouro, no intuito de trazer o príncipe para ela.
9) A lançadeira, que teceu um belíssimo tapete na entrada da cabana.
10) Ela mandou a agulha, que decorou a sala para esperar o príncipe.
11) Ele viu a moça vestida de modo bastante simples, mas resplandecente em meio àquele luxo improvisado, e pensou que ela era a mais pobre, mas também a mais rica jovem daquele país. Então, ele a pediu em casamento.

12) Eles foram guardados preciosamente junto com o tesouro real, e quem se aproximava deles sempre escutava uma melodia, uma voz feminina cantando, tranquila.

II. Cinco frases, cada uma composta por três partes, foram misturadas. Ligue novamente com um traço as partes que compõem cada frase:

A agulha **escapuliu** *de seus dedos.*
O príncipe **montou** *em seu cavalo.*
A moça **continuava** *trabalhando.*
A bondosa velhinha **acolheu** *a órfã.*
O comprador **pagava** *generosamente.*

III. Complete as frases com as palavras adequadas:

Órfã
Príncipe
Cabana
Cavalo
Tecer, fiar e costurar
Plumas
Animais, coloridos
Beijo
Tornar
Decorar

V. Descubra as duas letras que completam cada grupo de 3 palavras:

1) **ch:** chapéu – chorou – chegada
2) **pr:** profissão – sopro – compradores
3) **lh:** filha – vermelho – folhagem
4) **ei:** lançadeira – roseira – beijo
5) **ou:** pulou, tesouro, ensinou
6) **ia:** melodia, viajar, impaciência

VI. Ligue com um traço cada palavra ao seu sinônimo:

pano/tecido	conservar/preservar	acercar/abordar
branca/pálida	melodia/canto	altiva/soberba
estupefata/surpresa	produto/ganho	doente/indisposto
felicidade/êxtase	circunstância/conjuntura	pular/saltar
invisível/imperceptível	riqueza/tesouro	luxo/opulência

VII. Envolva a única palavra que possui o mesmo número de consoantes e vogais:

Lançadeira

Conto 3: O festim celestial

I. Compreensão do texto. Responda oralmente às seguintes perguntas:

1) Porque ele achou que era o que devia fazer para entrar no paraíso.
2) Porque a direção que ele havia tomado o levou a uma magnífica igreja e ele achou então que havia chegado ao céu.
3) Ele se recusou a sair, pois queria ficar "no céu", aonde ele acreditava ter chegado.
4) Eles adoravam uma estátua de madeira da Virgem Maria e do Menino Jesus.
5) Que não era uma estátua, mas sim Deus em pessoa.
6) Porque ele adoeceu e devia ficar em repouso durante uma semana.
7) Que no domingo seguinte Ele viria buscá-lo para participar do festim celestial.
8) Na hora da comunhão, Deus o chamou para perto de si, convidando-o à mesa do festim celestial.

II. Ligue as letras da palavra "sacristão" na ordem certa:

A	C	**S**	P	H	F	O	I	N
L	**A**	**C**	D	X	O	U	N	F
Z	**R**	C	B	K	L	A	F	W
Q	**E**	M	**I**	**S**	G	J	L	B
T	V	G	D	P	M	L	O	H
R	B	E	**Ã**	U	K	L	Z	R
O	G	T	R	E	Z	C	X	S
C	D	X	N	J	U	Y	T	P

177

III. Encontre as duas palavras misturadas contidas em cada linha:

1) santo/andar
2) festim/pobre
3) magro/missa
4) fiéis/virgem
5) perdão/cama
6) lugar/Jesus
7) rosto/padre
8) frase/fazer
9) forças/porta
10) grande/Deus

VII. Encontre as 10 palavras (veja a lista abaixo) que se escondem nesse caça-palavras.

Preste atenção, pois as palavras podem estar na vertical, horizontal ou transversal, da esquerda para a direita ou ao contrário.

A	V	V	A	P	O	E	T	F	P	E	V	C	B	S	P
T	I	R	B	F	I	S	S	A	C	R	I	S	T	Ã	O
X	R	I	P	O	R	T	A	S	U	T	F	Z	X	E	I
É	U	A	J	R	U	Á	N	A	P	I	H	Ã	R	O	C
R	A	R	B	Ç	O	T	E	R	Ã	N	C	Q	U	A	H
Z	O	L	H	A	N	U	G	S	O	H	L	E	O	J	A
X	D	E	U	S	L	A	U	E	J	Z	I	V	T	E	R
G	C	B	I	T	E	H	F	C	O	I	C	A	É	L	I
H	É	O	Q	C	R	T	O	N	I	N	E	M	B	P	R
L	U	G	U	I	Á	M	L	H	U	Á	J	O	N	I	M

VIII. Coloque as palavras na ordem certa para formar frases:

1) Ele acreditou que tinha chegado ao céu.
2) O padre o deixou ficar na igreja.
3) A estátua parecia crescer dia após dia.
4) Certo tempo depois, ele adoeceu e ficou de repouso em sua cama.
5) Deus o chamou e o fez sentar à mesa do festim celestial.
6) Um sorriso iluminava o seu rosto, finalmente sereno.
7) Ele então o preparou para aquele grande dia.

Conto 4: O Rei Sapo

I. Compreensão do texto. Responda oralmente às seguintes perguntas:

1) O Rei Sapo.
2) Ela era tão bonita que aquecia até o sol.
3) Não. O texto não diz.
4) Uma bola dourada.
5) No fundo de um velho poço.
6) Um sapo.
7) Ele era verde e tinha uma voz pegajosa.
8) Ele pediu para a princesa gostar dele, além de deixá-lo comer à sua mesa e dormir em sua cama.
9) A princesa só queria pegar de volta sua bola dourada e consentiu sem pensar duas vezes.
10) O sapo se transformou em um belo rapaz.
11) O rei ficou feliz em celebrar o casamento de sua filha em grande pompa. O príncipe e a princesa tiveram muitos filhos e viveram felizes para sempre.

II. Marque com um "X" a(s) definição(ões) das palavras a seguir. Se não encontrar a(s) resposta(s), você pode consultar um dicionário.

> Viscosa: melada – colante
> Pegajosa: colante, viscosa
> Insuportável: inadmissível – insustentável
> Beira: margem
> Tolo: bobo – estúpido
> Precipitar: acelerar – apressar – afobar

III. Complete o seguinte trecho do texto com as palavras certas. Utilize as palavras da lista que se encontra no pé da página.

A princesa achou o **sapo** bem tolo. Como ele podia **querer** ser o companheiro de **diversão** de um ser **humano**? Não era sensato! Mesmo assim, ela **aceitou**. Porém, logo que a **bola** dourada voltou às suas **mãos**, ela correu para o castelo, **esquecendo** suas promessas.
Na hora do **jantar**, a família escutou um **barulho** estranho vindo das **escadas** da entrada: "Splish! Splash!" A princesa, **agitada**, olhou e viu o sapo verde.

IV. Ligue cada frase da esquerda a uma frase da direita, dando-lhes coerência:

(1) A linda bola dourada escapou de suas mãos / e caiu no fundo do poço.
(2) Durante o jantar, / um barulho estranho foi ouvido na entrada.
(3) O sapo deitou / em cima do seu travesseiro.

(4) Eu sou príncipe em meu país / e eu gostaria que tu te tornasses minha esposa.
(5) A proximidade daquela pele viscosa / repugnou à princesa.
(6) Ela sentou na beira, / enquanto brincava com sua bola.

IX. Encontre o caminho que levará a princesa até o poço:

Caminho B

X. Envolva as imagens contidas nesse conto:

princesa, rei, bola dourada, cama de baldaquino, sapo, poço

Conto 5: Os três artesãos

I. Compreensão do texto. Responda oralmente às seguintes perguntas:

1) Os três artesãos.
2) Porque eles não tinham mais trabalho e, por isso, não tinham mais o que comer e nem o que vestir.
3) Um homem elegantemente vestido, com um pé bifurcado como a pata de um bode: era o diabo.
4) Que os três aceitassem fazer o que ele lhes dissesse, pois, em troca, não lhes faltariam nem dinheiro e nem trabalho.
5) O primeiro devia responder invariavelmente: "Nós três!" O segundo devia acrescentar: "Por dinheiro!" E o terceiro devia concluir: "E tínhamos razão!"

6) Porque eles sempre repetiam as mesmas três frases em qualquer circunstância.

7) Um grande comerciante.

8) Que ele tomasse conta de sua maleta, pois temia que os três artesãos excêntricos e meio malucos roubassem-na.

9) O hospedeiro e sua mulher entraram no quarto do rico comerciante armados com um machado e o mataram.

10) Os três artesãos. Quando lhes perguntaram quem era o assassino, eles repetiram as mesmas frases de sempre, o que dava a entender que eles haviam matado o comerciante juntos e por dinheiro.

11) Ele os condenou imediatamente à pena de morte, e eles foram conduzidos ao cadafalso.

12) O diabo surgiu em uma carruagem puxada por quatro cavalos vermelhos. Ele estava vestido como um nobre cavalheiro e agitava um lencinho branco em sinal de misericórdia. Ele autorizou os três companheiros a falarem e apontarem o culpado.

13) O juiz encontrou no porão da hospedaria os corpos de outras vítimas do hospedeiro e ordenou que a cabeça dele fosse cortada. O diabo cumpriu o pacto feito com os três compadres.

II. **Complete o seguinte trecho do texto com as palavras certas. Utilize as palavras da lista que se encontra no pé da página.**

Um dos três **artesãos** se pôs a observá-lo e notou que um de seus pés era **bifurcado** como a pata de um bode. Ele imediatamente se recusou a fazer **negócio** com o outro, pois não queria comprometer nem a sua **alma** e nem a sua salvação. Então, o rico cavalheiro, que, sem tirar nem pôr, era o **diabo** em pessoa, **explicou** que não **cobiçava** a alma dos três, mas que, com a **ajuda** deles, conseguiria sem **demora** uma outra alma que já lhe **pertencia** pela metade. Os artesãos **acreditaram** nele e consentiram com aquele **pacto**.

VI. Marque com um "X" a(s) definição(ões) das palavras a seguir. Se não encontrar a(s) resposta(s), você pode consultar um dicionário.

Compadre:	a pessoa que ajuda uma outra a fazer uma trapaça – amigo
Revés:	infortúnio – lado oposto, contrário
Bifurcado:	rachado
Plausível:	verossímil – digno de aplausos
Pegar:	agarrar – segurar
Maluco:	louco
Tumulto:	desordem
Ensopado:	encharcado – guisado de peixe ou carne
Consentimento:	acordo

VII. Coloque as palavras na ordem certa para formar frases:

1) Os três artesãos ficaram livres novamente.
2) O hospedeiro trouxe pratos deliciosos e uma garrafa de vinho.
3) O hospedeiro acomodou o comerciante em um quarto do primeiro andar.
4) Eles foram levados para a prisão, onde o diabo foi visitá-los.
5) De repente, surgiu uma carruagem puxada por quatro cavalos vermelhos.
6) O diabo havia conseguido pegar a alma que lhe pertencia.

IX. Leia o conto, encontre e anote em uma folha as cinco "profissões" que ele contém.

artesão, hospedeiro, comerciante, juiz, carrasco

X. Explique oralmente cada profissão encontrada.

Artesão: pessoa que fabrica manualmente determinadas peças ou produtos.
Hospedeiro: pessoa que mantém uma hospedaria, hoteleiro.
Comerciante: pessoa que trabalha com comércio em geral, negociante.
Juiz: magistrado encarregado de aplicar as leis e fazer justiça.
Carrasco: aquele que executa as penas corporais ordenadas por um tribunal de justiça, em especial a pena de morte.

Conto 6: Rosa Branca e Rosa Vermelha

I. Compreensão do texto. Responda oralmente às seguintes perguntas:

1) Rosa Branca e Rosa Vermelha.
2) Duas roseiras que ela havia plantado em seu jardim.
3) Um urso preto.
4) No inverno.
5) Sim. Elas foram muito carinhosas com o urso e, por isso, ele voltou à casa delas toda noite durante o inverno para se aquecer perto da lareira.
6) Porque ele devia proteger seu tesouro. A floresta era habitada por malvados anões que estavam tentando roubá-lo.

7) No tronco de uma árvore.

8) Rosa Branca teve a ideia de cortar a ponta da barba do anão com suas tesourinhas.

9) Na linha de pesca, em cuja ponta um peixe estava contorcendo-se e quase derrubando-o dentro d'água.

10) Reclamando e insultando a moça.

11) Preso nas garras de uma águia.

12) Ele não agradeceu às moças e, irritado por causa de seu paletó rasgado, insultou-as mais uma vez. Naquele momento, um urso surgiu e mostrou os dentes de forma ameaçadora. A fim de defender as jovens, ele esmagou o anão com uma patada.

13) O urso voltou à sua forma humana original e retomou os tesouros que lhe haviam sido roubados, pois conseguiu livrar-se do feitiço que o anão havia jogado em cima dele.

14) O príncipe pediu à viúva a mão de Rosa Branca em casamento, e Rosa Vermelha casou-se com seu irmão. Todos viveram felizes para sempre em seu reino, onde, perto das janelas, a mãe das duas moças plantou inúmeras roseiras vermelhas e brancas.

II. Envolva a palavra URSO toda vez que ela aparecer nas linhas a seguir:

1) uma vez
2) uma vez
3) uma vez
4) duas vezes
5) uma vez
6) uma vez

7) duas vezes
8) uma vez
9) uma vez

III. Reorganize a seguinte lista de palavras em ordem alfabética:

barba – bengala – branca – cabana – preto – rosa – tesouro – urso

VI. Encontre na coluna da direita o sinônimo de cada verbo da coluna da esquerda. Ligue-os com um traço:

Aquiescer/aprovar	Desaparecer/evaporar	Soltar/liberar
Acalmar/tranquilizar	Reclamar/resmungar	Acusar/incriminar
Comover/emocionar	Transformar/mudar	Morar/habitar
Rasgar/lacerar	Repousar/descansar	Acolher/receber
Roubar/furtar	Explicar/esclarecer	

VII. Ligue cada frase da esquerda a uma frase da direita, dando-lhes coerência:

(1) Rosa Branca teve a ideia de cortar / a barba dele com suas tesourinhas.
(2) Eu nunca vi moças / tão tolas e inúteis.
(3) A mãe das duas moças plantou / inúmeras roseiras.
(4) Eu posso lhe oferecer essas duas moças / rechonchudas como codornas.

(5) Naquele instante, / uma imensa sombra se levantou à sua frente.
(6) Porém, na primavera, o urso lhes disse / que ele devia proteger seu tesouro.

IX. Divida os 27 elementos abaixo de acordo com a estação do ano:

VERÃO	OUTONO	INVERNO	PRIMAVERA
banho de mar	folhas amareladas	frio	florações
Carnaval	águas de março	gorro	rosas
chapéu	frutas	casaco	pólen
biquíni	colheitas	blusa de lã	margaridas
óculos de sol	Dia das Mães	Festa Junina	borboletas
férias	Páscoa	dias curtos	Dia das Crianças
_____	_____	neblina	_____
_____	_____	geada	_____
_____	_____	ar seco	_____

Conto 7: O diabo e sua avó

I. Compreensão do texto. Responda oralmente às seguintes perguntas:

1) O diabo e sua avó.
2) Seis. O rei, os três soldados, o dragão (o diabo) e sua avó.
3) Um país estava em guerra, e o rei, muito avaro, pagava um soldo insignificante aos soldados. Eles não ganhavam o bastante para sobreviver! Foi então que três deles decidiram desertar. Esconderam-se em um campo de trigo e esperaram as tropas seguirem caminho.

4) O dragão sugeriu que eles se tornassem seus servos durante sete anos, pois, em troca, ele os deixaria fora do alcance das tropas.

5) Cada um ganhou um pequeno chicote, com o qual bastava bater no chão para fazer aparecer ouro.

6) Uma senhora muito velha: era a avó do diabo.

7) Ele fez o que a velha senhora havia aconselhado: penetrou na densa floresta e procurou uma casinha encravada em uma rocha. Assim, ele esperou a chegada do diabo e escutou a solução do enigma.

8) No grande Mar do Norte há um polvo morto que será cozido para o jantar deles; em uma costela de baleia seus talheres serão talhados; e um velho casco de cavalo lhes servirá de cálice.

9) No dia marcado, o diabo veio com o seu livro de assinaturas e enunciou o enigma. Cada um respondeu a uma parte do enigma. Suas vidas foram então poupadas.

10) Não. O texto não diz.

11) O diabo havia perdido seu poder sobre os soldados e furioso partiu para o inferno. Os três puderam ficar com seus chicotes, graças aos quais nada lhes faltou e viveram felizes para sempre.

II. Marque com um "X" a(s) definição(ões) das palavras a seguir. Se não encontrar a(s) resposta(s), você pode consultar um dicionário.

Emendar: corrigir – acrescentar, tornar mais comprido
Perseguir: importunar – ir no encalço de alguém, seguir de perto
Enigma: coisa a ser adivinhada a partir de uma definição obscura
Copioso: generoso

Casco: invólucro de embarcações
Estalar: produzir um barulho seco e sonoro; estourar
Robusto: vigoroso – sólido
Ordenado: soldo, remuneração paga aos militares e a certos funcionários públicos assimilados – arrumado, organizado, metódico

IV. Coloque as palavras na ordem certa para formar frases:

1) A velha o faria falar e descobriria assim a solução do enigma.
2) Eles se esconderam em um campo de trigo.
3) O dragão não era ninguém menos do que o diabo.
4) Eu pretendo levá-los ao inferno.
5) Eles viveram felizes para sempre.
6) Um de vocês deverá penetrar na floresta.

VI. Encontre o único caminho que leva o soldado ao seu chicote:

Caminho C

VII. Envolva somente as imagens que representem elementos ou personagens do conto:

avó, diabo, dragão, soldado, rei, chicote

VIII. Complete as palavras usando os grupos de letras dados:

COP IOSO
BAL EIA
SE RVO
ROBU STO
COL HER
EMEN DAR

SOL DADO
RES MUNGAR
AB UNDÂNCIA
PER CORRER
IM PASSE
ASS INATURA

IX. Encontre as 10 palavras (veja a lista abaixo) que se escondem nesse caça-palavras.

Preste atenção, pois as palavras podem estar na vertical, horizontal ou transversal, da esquerda para a direita ou ao contrário:

F	E	S	T	I	V	A	C	H	U	F	O	S	S	I	P
G	F	Y	T	N	A	F	E	S	S	L	B	H	Q	U	O
U	N	I	M	A	D	N	U	C	R	O	C	A	M	X	I
E	R	U	E	V	I	M	A	I	Z	R	D	O	C	É	H
R	U	A	G	Ó	A	T	R	U	Q	E	I	E	L	O	H
R	E	C	A	N	B	V	Ã	W	I	S	O	X	U	Ã	E
A	S	I	A	U	O	H	R	U	E	T	R	I	N	G	K
Ó	V	R	O	M	E	Z	A	R	B	A	L	E	I	A	I
R	I	S	C	F	P	Á	Í	J	O	Ã	B	P	V	R	W
A	G	E	D	I	E	O	D	U	S	O	L	D	A	D	O

Conto 8: Os presentes do povo miúdo

I. **Compreensão do texto. Responda oralmente às seguintes perguntas:**

1) Os presentes do povo miúdo.
2) Porque eles escutaram ao longe uma melodiosa música e, curiosos, correram em sua direção.
3) Eles viram uma multidão de pessoas miúdas dançando, saltitando de mãos dadas e fazendo uma roda. Um velhinho, que tinha uma longa barba branca e vestia um traje bordado de ouro e pedras preciosas, estava no centro do grupo e fez sinal para eles se aproximarem.
4) O velhinho empunhou um facão que estava pendurado em sua cintura e, agarrando o ferreiro pelo pescoço, raspou inteiramente seus cabelos e sua barba. O alfaiate teve direito ao mesmo privilégio! Os dois homens, um pouco atordoados, ficaram trêmulos. O velhinho então atribuiu uma pilha de carvão a cada um, indicando-lhes com gestos que eles deviam encher seus bolsos.
5) Eles perceberam que seus bolsos estavam cheios não de carvão, mas sim de lingotes de ouro puro. Seus cabelos e suas barbas haviam crescido exatamente como antes.
6) O ganancioso ferreiro possuía uma quantidade de ouro bem superior à do alfaiate, mas queria ainda mais. Ele lamentava não ter enchido também o seu chapéu de carvão. Por isso, sugeriu ao seu amigo que eles voltassem à colina para reencontrar o povo miúdo.
7) Não.
8) A mesma coisa que na véspera, mas, dessa vez, o carvão não se transformou em ouro. E o ouro que ele já possuía virou carvão novamente.

Além disso, ele ficou careca, sem barba e com uma segunda corcunda nas costas.

9) O alfaiate, que era uma boa pessoa, decidiu dividir seu tesouro com o ferreiro.

II. Marque com um "x" o(s) significado(s) das palavras a seguir. Se não encontrar a(s) resposta(s), você pode consultar um dicionário.

Intrépido: impávido – determinado
Ferreiro: aquele que modela grandes peças de ferro em uma forja
Atordoado: estonteado
Melodiosa: harmoniosa
Ganância: cobiça
Curioso: estranho – desejoso de saber
Prodigioso: monumental – espantoso

IV. Coloque as frases abaixo em ordem cronológica, numerando os parênteses de 1 a 5 (do acontecimento mais antigo ao mais recente):

$$5 - 3 - 2 - 4 - 1$$

V. Complete o texto com as palavras dadas no pé da página.

Ao **cair** da noite, o ferreiro pegou a **estrada** carregando dois grandes **sacos**. Tudo aconteceu da **mesma** forma que na noite **anterior**:

ele dançou e **cantou** com as **criaturinhas** e permitiu que o **velhinho** raspasse sua barba e cabelo e lhe oferecesse **carvão**. Ele encheu seus bolsos, **chapéu** e sacos e voltou **alegremente** à hospedaria, **deitando**-se com a roupa do corpo. **Sonhou** que iria acordar rico e viver como um **marajá**.

No dia **seguinte**, bem cedo, ele colocou as mãos nos bolsos: eles **ainda** estavam **cheinhos** de carvão.

VI. No conto, aparece a expressão "viver como um marajá":

Ser muito rico.

"Marajá" é o título de nobreza concedido a certos príncipes e reis da Índia. O termo vem do sânscrito *maha rajah*, que significa "grande rei".

VII. Complete e explique o significado das expressões a seguir:

1) (balde) Revoltar-se, agir de modo irresponsável, desistir de continuar alguma coisa.
2) (letra) Fazer algo sem esforço, facilmente.
3) (umbigo) Pensar somente em si mesmo.
4) (Nunca) Em uma data imaginária, jamais.
5) (trinques) Colocar suas roupas mais chiques.
6) (com vara curta) Provocar alguém, arrumar problema.
7) (cano) Ser prejudicado, arranjar encrenca, colocar-se em dificuldades.
8) (mostrar o pau) Assumir as consequências dos seus atos.

VIII. Encontre as duas palavras misturadas contidas em cada linha:

1) mulher/astro
2) barba/branca
3) ouro/palha
4) roda/velho
5) calvo/cabelo
6) carvão/ferreiro
7) ávido/bolsos
8) corcunda/costas

Conto 9: Os músicos de Bremen

I. Compreensão do texto. Responda oralmente às seguintes perguntas:

1) Os músicos de Bremen.
2) Para um moleiro.
3) Ele havia trabalhado durante anos no moinho, mas estava envelhecendo e se tornando menos apto ao trabalho. Seu dono queria então se livrar dele.
4) A Bremen, onde sonhava se tornar músico.
5) O cão.
6) Porque o cão não tinha mais faro e não conseguia mais caçar.
7) O gato.
8) De que sua dona havia tentado sufocá-lo, pois ele estava velho demais para correr atrás de ratos.

9) Um galo que estava amedrontado, pois a fazendeira queria cortar seu pescoço e cozinhá-lo para o dia seguinte.
10) Empoleirado no topo de uma árvore, o galo observou o horizonte.
11) Uma casa que era o esconderijo de um bando de ladrões.
12) Eles subiram uns sobre os outros e entoaram uma música macabra.
13) Eles entraram em pânico e fugiram floresta adentro.
14) O burro se deitou em cima do palheiro, o cão, atrás da porta, o gato, junto às cinzas ainda quentes da lareira, e o galo, no galinheiro.
15) O explorador entrou na casa e confundiu os brilhantes olhos do gato com brasas. Ele se aproximou um pouco e tentou acendê-los com um fósforo. O gato pulou em cima dele, sibilando e arranhando. Em pânico, o ladrão correu para a porta dos fundos. O cão, que estava deitado ali, mordeu suas pernas. Desconcertado, ele saiu no quintal e passou pelo palheiro, onde o burro lhe deu um violento coice. Enquanto isso, o galo, com sua voz aguda, contribuía para assustá-lo.
16) Que na casa havia uma bruxa, um homem armado com uma faca, um monstro preto e um juiz.
17) Não, eles decidiram morar naquela casa deserta, que lhes agradava muito.

II. Ligue cada palavra ao seu sinônimo com um traço:

inapto/incapaz
iniciar/começar
declinar/recusar
força/vigor
cume/topo

ritmo/cadência
falecer/morrer
esconderijo/refúgio
macabro/lúgubre
persuadir/convencer

asfixiar/sufocar
pérfida/maliciosa
pânico/terror
revistar/examinar
explorador/descobridor

III. Envolva os nomes dos animais que aparecem nesse conto de fadas:

burro, galo, gato e cão.

IV. Ligue cada animal ao som que ele produz:

O burro/zurra	A vaca/muge	O pintinho/pia
O cão/late	O porco/grunhe	A cobra/silva
O galo/canta	O pato/grasna	O cavalo/relincha
O gato/mia	O carneiro/bale	O sapo/coaxa

V. Em cada linha, ligue as duas palavras da lista da direita que têm um laço com a palavra em letras maiúsculas da esquerda:

1) alaúde – tambor
2) fósforos – brasa
3) nariz – sobrancelhas
4) lenha – carvão
5) malfeitor – bandido
6) pelagem – ronronar
7) rabo – latir
8) farinha – fermento

VI. Complete o seguinte trecho do texto com as palavras certas. Utilize as palavras da lista que se encontra no pé da página.

O burro lhe expôs seu **projeto** e o incitou a se tornar **músico**. O burro tocaria alaúde, e o cão, **tambor**.
O cão se animou com a ideia, e eles passaram a **caminhar** juntos. Não longe dali, encontraram um gato muito **triste**. O burro lhe **perguntou** o que havia de errado. O gato respondeu que já estava velho e **surrado** e que não tinha mais **forças** para correr atrás de **ratos**. Por essa razão, sua **dona** havia tentado sufocá-lo, mas ele havia conseguido **escapar**. No mesmo instante, o burro o **convidou** a acompanhá-los.
Algumas **horas** mais tarde, os três amigos **escutaram** um galo.

VII. Ligue cada frase da esquerda a uma frase da direita, dando-lhes coerência:

(1) Eles pensaram que um fantasma / estava entrando na sala.
(2) O ladrão fugiu / o mais rápido que pôde.
(3) O burro tocaria alaúde, / e o cão, tambor.
(4) Ele viu brilhar uma / luzinha ao longe.
(5) Ele estava ficando cada vez / menos apto ao trabalho.
(6) O burro viu um miserável cão / deitado no meio da estrada.
(7) Os três companheiros / chegaram a uma fazenda.

VIII. Complete as palavras cruzadas:

						(V1)		
		(H1)	B	R	E	M	E	N
		(H4)	A	L	A	Ú	D	E
						S		
				(V4)		I		
			(V2)	C		C		
		(H3)	G	A	L	O	(V3)	
			A	S		(V5)	T	
		(H5)	T	A	M	B	O	R
			O			U	P	
					(V6)	R	O	
					C	R		
(H2)	L	A	D	R	Ã	O		
					O			

Conto 10: O ganso de ouro

II. Compreensão do texto. Responda oralmente às seguintes perguntas:

1) O ganso de ouro.
2) Dois irmãos mais velhos. Eles são lenhadores.
3) Porque ambos encontraram na floresta um velho anão que lhes pediu comida, mas se recusaram a dividir seu almoço com ele.
4) O caçula convidou o anão a comer pão doce e beber cerveja amarga em sua companhia.
5) Para recompensá-lo, o anão apontou para uma velha árvore e ordenou que o jovem a derrubasse. O simplório rapaz, acostumado a obedecer, cortou-a ao meio e encontrou, escondido entre as raízes, um ganso com plumas de ouro.
6) As três filhas do hospedeiro tentaram roubar uma pluma do ganso e acabaram ficando coladas nele.
7) Porque ela viu um cortejo de pessoas coladas em um ganso.
8) Primeiro, o monarca ordenou que o pretendente trouxesse, no dia seguinte, alguém capaz de beber todo o vinho de sua adega.
9) O rei exigiu que o jovem lhe apresentasse aquele que seria capaz de comer todos os pães contidos em seu celeiro.
10) Ele pediu para o pretendente trazer um navio capaz de navegar na terra e no mar.
11) O velho anão.
12) Os esforços do rapaz despertaram a simpatia do rei.

III. Ligue com um traço as duas partes das frases (começando na esquerda e terminando na direita):

(1) Na manhã seguinte, / seu irmão foi trabalhar em seu lugar.
(2) O filho mais velho levava em sua cesta / uma omelete e uma garrafa de vinho.
(3) A princesa caiu na gargalhada, / e ninguém conseguia fazê-la parar de rir.
(4) A princesa tornou-se / uma pessoa extremamente alegre.
(5) O ingênuo rapaz pegou / o presente e foi dormir em uma hospedaria.
(6) Todo aquele pão estava na / barriga da voraz criatura.
(7) As três ambiciosas moças / queriam roubar uma pluma de ouro.
(8) O machado caiu / desastrosamente em cima de seu pé.

IV. Complete o texto com as palavras dadas no pé da página

Primeiro, o **monarca** impôs uma condição ao **casamento**: que o pretendente **trouxesse**, no dia seguinte, alguém **capaz** de beber todo o vinho de sua **adega**. O simplório rapaz decidiu pedir **ajuda** ao velho **anão**, que confessou estar com muita **sede** e **precisando** urgentemente beber alguma coisa. O rei ficou **impressionado** com aquele pequeno personagem, que esvaziou **todas** as suas garrafas em menos de um **dia**. Porém, ele ainda não queria se **resignar** ao casamento e, por isso, **mandou** que o jovem lhe apresentasse aquele que seria capaz de **comer** todos os pães **contidos** em seu celeiro.

V. Classifique as palavras a seguir em três categorias, dando um título a cada uma delas:

Verbos: espiar – ferir – cair – acabar – convencer – derrubar – lançar – acreditar – surgir – colocar

Adjetivos: estranho – grande – simplório – bom – incapaz – pequeno – magro – amarga – belo – enorme

Substantivos: filha – rei – anão – homem – rapaz – marido – pai – irmãos – padre – irmã

VI. Coloque as seguintes palavras em ordem alfabética:

almoçaremos – amarga – carvalho – cerveja – coração – derrubado – diferente – felicidade – juntos – outros – permanecer – primeira – refeição – satisfeita – sempre – vez

VII. Envolva a palavra REI toda vez que ela aparecer nas linhas a seguir:

Primeira linha:	0
Segunda linha:	2
Terceira linha:	1
Quarta linha:	1
Quinta linha:	1
Sexta linha:	3
Sétima linha:	4
Oitava linha:	1

Referências

ARNAUD-CASTIGLIONI, R. et al. *La mémoire qui flanche –* Manuel à l'usage de ceux qui oublient et veulent se souvenir. Marselha: Solal, 1995.

BAKCHINE, S. (org.). *Le Dictionnaire de la Maladie d'Alzheimer*. Paris: Eisai/Pfizer, 2008.

BELIN, C.; ERGIS, A.M. & MOREAUD, O. *Actualités sur les démences*: aspects cliniques et neuropsychologiques. Marselha: Solal, 2006.

BIOY, A.; BOURGEOIS, F. & NÈGRE, I. *Communication soignant soigné:* Repères pratiques Paris: Bréal, 2003 [IFSI Formations Paramédicales].

CLARE, L. "Cognitive training and cognitive rehabilitation for people with early stage dementia". *Reviews in Clinical Gerontology*, n. 13, 2003, p. 75-83.

DARCOURT, G. "Vieillissement normal et vieillissement pathologique – Encyclopédie Médico-Chirurgicale". *Psychiatrie*, 37, 2000, 530-A-10. Paris: Elsevier.

DÉFONTAINES, B. *Trous de mémoire et maladies de la mémoire*. Paris: Éd. Médicales Bash, 2005.

DE LADOUCETTE, O. *Le guide du bien vieillir*. Paris: Odile Jacob, 2000.

DESROUESNÉ, C. In: LÉGER, M.; CLÉMENT, P. & WERTHEIMER. *Vieillissement cérébral normal et fonctionnement psychique*. Paris: Flammarion, 1999, p. 35-45.

DE ROTROU, J. *A memória em boa forma*. São Paulo: Loyola, 1995.

DE ROTROU, J. et al. "Le programme psycho-éducatif d'aide aux aidants". NPG, n. 6 (34), 2006, p. 19-22.

DE SANT'ANNA, M. "Les contes de l'Hôpital Broca". *Ortho Magazine*, 24, 2009, p. 22-25.

DE SANT'ANNA, M. et al. "Sollicitation psycho-affective et des ressources cognitives par les contes de fées pour les patients atteints de Maladie d'Alzheimer". *La Revue Francophone de Gériatrie et de Gérontologie*, n. 149, tomo XV, Nov./2008, p. 470-476.

DUYCKAERTS, C. & PASQUIER, F. *Traité de neurologie*: démences. Paris: Doin, 2002.

FERNANDEZ-BALESTEROS, R.; ZAMARRON, M.D. & TARRAGA, L. "Learning Potential: A new method for assessing cognitive impairment". *International Psychogeriatrics*, n. 17 (1), 2005, p. 119-128.

_____ "Cognitive plasticity in healthy, Mild Cognitive Impairment (MCI) subjects and Alzheimer's disease patients:

A research project in Spain – Psychology for Aging in Europe". *European Psychologist*, n. 8 (3), 2003, p. 148-159.

FRÉMONTIER, M. & AQUINO, J.P. *Les aidants familiaux et professionnels: du constat à l'action* – Recherche et pratique clinique dans la Maladie d'Alzheimer. Paris: Fund. Médéric Alzheimer/Serdi, 2002.

GIL, R. *Neuropsicologia*. 4. ed. São Paulo: Santos, 2010.

GRIMM. *Contos e lendas dos Irmãos Grimm*. São Paulo: Edigraf, 1963 [Trad. de Iside M. Bonini; ilustr. de Ramirez].

JOËL, M.E. "Orientations possibles de l'aide aux aidants de personnes atteintes de la Maladie d'Alzheimer". *Psychologie et Neuro-Psychiatrie du Vieillissement*, n. 4. 2003, p. 259-264.

JONES, S. et al. "Cognitive and neural plasticity in aging: General and task-specific limitations – Methodological and conceptual advances in the study of brain-behavior dynamics: a multivariate lifespan perspective". *Neuroscience and Biobehavioral Reviews*, n. 30 (6), 2006, p. 864-871.

LE PONCIN, M. *Ginástica cerebral* – Para um cérebro jovem dos 20 aos 120 anos. Mem Martins: Europa-América, 2005.

ORELL, M. et al. "A pilot study examining the effectiveness of Maintenance Cognitive Stimulation Therapy (MCST) for people with dementia". *International Journal of Geriatric Psychiatry*, n. 20, DOI 10.1002/gps.1304, 2005, p. 446-451.

SELMÈS, J. & DEROUESNÉ, C. *A Doença de Alzheimer: atividades e vida social*. São Paulo: Andrei, 2008.

THOMAS-ANTÉRION, C. *Docteur, ma mémoire me joue des tours*. [s.l.]: Serviço de Neurologia/Hospital Bellevue/Centro Hospitalar Regional Universitário de Saint-Étienne.

TRIVALLE, C. *Gérontologie préventive – Éléments de prévention du vieillissement pathologique*. Paris: Masson, 2002.

VIDAL, C. *Le cerveau évolue-t-il au cours de la vie?* Paris: Le Pommier, 2009.

WENISCH, E. et al. "Cognitive stimulation intervention for elders with mild cognitive impairment compared with normal aged subjects: preliminary results". *Aging Clinical and Experimental Research*, n. 19 (4), 2007, p. 316-322.

WETTSTEIN, A. et al. *Checklists de médecine – Gériatrie*. Paris: Vigot, 1998.

Índice

Sumário, 7

1 A memória e as questões ao seu redor, 9

   A memória, 9

   A queixa mnésica, 11

   Distúrbios cognitivos leves ou *Mild Cognitive Impairment (MCI)*, 12

2 O transtorno cerebral orgânico degenerativo ou a demência, 15

   A Doença de Alzheimer (DA), 16

      Evolução da DA, 17

      Repercussão psicoafetiva da DA, 18

3 A família do paciente ou o ajudante natural, 21

4 Um caminho: a plasticidade cerebral, 25

5 Fortalecimento da memória pelos contos de fadas, 27

   Por que usar os contos de fadas?, 27

      Criação de sessões de fortalecimento da memória pelos contos de fadas, 28

      Das sessões ao livro, 29

   Manual de uso deste livro, 30

   Quais contos de fadas?, 32

   Tipos de atividades e funções solicitadas e fortalecidas, 32

6 Contos e atividades, 35

Conto 1: Rumpelstiltskin, 35

Atividades, 39

Conto 2: O fuso, a lançadeira e a agulha, 50

Atividades, 53

Conto 3: O festim celestial, 63

Atividades, 65

Conto 4: O Rei Sapo, 73

Atividades, 75

Conto 5: Os três artesãos, 87

Atividades, 91

Conto 6: Rosa Branca e Rosa Vermelha, 105

Atividades, 109

Conto 7: O diabo e sua avó, 117

Atividades, 120

Conto 8: Os presentes do povo miúdo, 131

Atividades, 134

Conto 9: Os músicos de Bremen, 145

Atividades, 148

Conto 10: O ganso de ouro, 158

Atividades, 161

7 Resolução dos exercícios, 171

Conto 1: Rumpelstiltskin, 171

Conto 2: O fuso, a lançadeira e a agulha, 174

Conto 3: O festim celestial, 177

Conto 4: O Rei Sapo, 179

Conto 5: Os três artesãos, 181

Conto 6: Rosa Branca e Rosa Vermelha, 184

Conto 7: O diabo e sua avó, 187

Conto 8: Os presentes do povo miúdo, 191

Conto 9: Os músicos de Bremen, 194

Conto 10: O ganso de ouro, 199

Referências, 203

C.G. JUNG
OBRA COMPLETA

1	Estudos psiquiátricos
2	Estudos experimentais
3	Psicogênese das doenças mentais
4	Freud e a psicanálise
5	Símbolos da transformação
6	Tipos psicológicos
7/1	Psicologia do inconsciente
7/2	O eu e o inconsciente
8/1	A energia psíquica
8/2	A natureza da psique
8/3	Sincronicidade
9/1	Os arquétipos e o inconsciente coletivo
9/2	Aion – Estudo sobre o simbolismo do si-mesmo
10/1	Presente e futuro
10/2	Aspectos do drama contemporâneo
10/3	Civilização em transição
10/4	Um mito moderno sobre coisas vistas no céu
11/1	Psicologia e religião
11/2	Interpretação psicológica do Dogma da Trindade
11/3	O símbolo da transformação na missa
11/4	Resposta a Jó
11/5	Psicologia e religião oriental
11/6	Escritos diversos – Vols. 10 e 11
12	Psicologia e alquimia
13	Estudos alquímicos
14/1	Mysterium Coniunctionis – Os componentes da Coniunctio; Paradoxa; As personificações dos opostos
14/2	Mysterium Coniunctionis – Rex e Regina; Adão e Eva; A Conjunção
14/3	Mysterium Coniunctionis – Epílogo; Aurora Consurgens
15	O espírito na arte e na ciência
16/1	A prática da psicoterapia
16/2	Ab-reação, análise dos sonhos e transferência
17	O desenvolvimento da personalidade
18/1	A vida simbólica
18/2	A vida simbólica
	Índices gerais – Onomástico e analítico

CULTURAL

Administração
Antropologia
Biografias
Comunicação
Dinâmicas e Jogos
Ecologia e Meio Ambiente
Educação e Pedagogia
Filosofia
História
Letras e Literatura
Obras de referência
Política
Psicologia
Saúde e Nutrição
Serviço Social e Trabalho
Sociologia

CATEQUÉTICO PASTORAL

Catequese
Geral
Crisma
Primeira Eucaristia

Pastoral
Geral
Sacramental
Familiar
Social
Ensino Religioso Escolar

TEOLÓGICO ESPIRITUAL

Biografias
Devocionários
Espiritualidade e Mística
Espiritualidade Mariana
Franciscanismo
Autoconhecimento
Liturgia
Obras de referência
Sagrada Escritura e Livros Apócrifos

Teologia
Bíblica
Histórica
Prática
Sistemática

REVISTAS

Concilium
Estudos Bíblicos
Grande Sinal
REB (Revista Eclesiástica Brasileira)
SEDOC (Serviço de Documentação)

VOZES NOBILIS

Uma linha editorial especial, com importantes autores, alto valor agregado e qualidade superior.

VOZES DE BOLSO

Obras clássicas de Ciências Humanas em formato de bolso.

PRODUTOS SAZONAIS

Folhinha do Sagrado Coração de Jesus
Calendário de Mesa do Sagrado Coração de Jesus
Agenda do Sagrado Coração de Jesus
Almanaque Santo Antônio
Agendinha
Diário Vozes
Meditações para o dia a dia
Guia Litúrgico

CADASTRE-SE
www.vozes.com.br

EDITORA VOZES LTDA.
Rua Frei Luís, 100 – Centro – Cep 25689-900 – Petrópolis, RJ
Tel.: (24) 2233-9000 – Fax: (24) 2231-4676 – E-mail: vendas@vozes.com.br

UNIDADES NO BRASIL: Belo Horizonte, MG – Brasília, DF – Campinas, SP – Cuiabá, MT
Curitiba, PR – Florianópolis, SC – Fortaleza, CE – Goiânia, GO – Juiz de Fora, MG
Manaus, AM – Petrópolis, RJ – Porto Alegre, RS – Recife, PE – Rio de Janeiro, RJ
Salvador, BA – São Paulo, SP